Beck'sche Reihe

BsR 1170

BsR

Neues vom Untergang des Abendlandes! Daß die Jugendlichen – wenn sie nicht bloß vor der Glotze rumhängen oder in der Disco – ein abtörnendes Kauderwelsch aus Neudeutsch, Dummdeutsch und Restdeutsch sprechen, davon konnte man sich ja bereits in Hermann Ehmanns erstem „affengeilen" Lexikon der Jugendsprache überzeugen. Daß die Kids aber, obgleich ihnen Ehmann seit Jahren heftig auf der Spur ist, noch immer nicht so reden wollen, wie es die Dudenredaktion gerne hätte – vielmehr der munter hinterher sülzenden Umgangssprache davonzueilen suchen, indem sie immer noch eins draufsetzen: das kann doch einen Ehmann nicht erschüttern!
Vier Jahre nach Erscheinen seines Bestsellers „affengeil" hat er in einer neuen, breit angelegten Umfrageaktion rund 500 brandaktuelle Vokabeln (einschließlich authentischer Beispielsätze) gesammelt, hat sie systematisch klassifiziert, kommentiert und mit einem schlauen Intro versehen – ganz so, wie wir es von ihm gewohnt sind. Und weil ihm die Sache offensichtlich Spaß gemacht hat, hat auch er noch eines draufgesetzt: Sein neues Lexikon ist oberaffengeil!

Hermann Ehmann, geb. 1964, hat über „Jugendsprache und Dialekt" promoviert und arbeitet als Deutsch- und Religionslehrer in der Nähe von München. In der Beck'schen Reihe liegt von ihm außerdem vor: „affengeil. Ein Lexikon der Jugendsprache" (BsR 478), „Ist mein Kind Legastheniker? Ein Ratgeber zur Lese- und Rechtschreibschwäche" (BsR 1094).

HERMANN EHMANN

oberaffengeil

Neues Lexikon der Jugendsprache

VERLAG C.H.BECK

Die Deutsche Bibliothek – CIP-Einheitsaufnahme

Ehmann, Hermann: oberaffengeil: neues Lexikon der Jugendsprache/Hermann Ehmann. – Orig.-Ausg. – München: Beck, 1996
(Beck'sche Reihe 1170)
ISBN 3 406 39270 9
NE: HST; GT

Originalausgabe
ISBN 3 406 39270 9

Umschlagentwurf: Uwe Göbel, München
Umschlagabbildung: Graffiti von Unbekannt, aus:
Bernhard van Treek, Piratenkunst. © edition aragon

Gesamtherstellung: C. H. Beck'sche Buchdruckerei, Nördlingen
Gedruckt auf säurefreiem, alterungsbeständigem Papier
(hergestellt aus chlorfrei gebleichtem Zellstoff)
Printed in Germany

Inhaltsverzeichnis

Warm up!
(Seite 7)

Einleitung
Wie recherchiert man Jugendsprache?
(Seite 9)

Artikel

Teil I: Jugendsprache – Standardsprache
Von „ablödeln“ bis „zusammenklappen“
(Seite 25)

Teil II: Standardsprache – Jugendsprache
Von „ärgern“ bis „Witzbold“
(Seite 141)

Literaturverzeichnis
(Seite 157)

Warm up!

Als vor fünf Jahren das erste Lexikon der Jugendsprache mit dem Titel ‚affengeil' erschien, war das Echo in der deutschen Medienlandschaft überaus positiv. Verschiedene *Laschi*-Medien, die das heiße Eisen Sprache und Sprachveränderung normalerweise meiden, rezensierten das *„echt voll astreine und einfach tierische Buch"* (Süddeutsche Zeitung) und lobten es für seine besonders exakte Recherche, seine „spitzenmäßige" Aufbereitung und den *„hyperstarken Super-Durchblick"* (Original-Ton Westdeutscher Rundfunk). Gerade die als *abgejubelt* verschrieenen Rundfunksender, die ansonsten ein ziemliches *Schlaffi-Image rüberwachsen lassen und im Sekundentakt Sülze durch den Äther tröpfeln,* waren plötzlich *voll trendy* und konsultierten in ungezählten Interviews den „affengeil-Guru".

Ganz nebenbei entschlossen sich sogar einige besonders *coole* Kultusministerien, Teile aus ‚affengeil' in ein neues Deutsch-Sprachbuch für die neunte Jahrgangsstufe aufzunehmen (mittlerweile für die gymnasiale Mittelstufe lernmittelfrei zugelassen: Deutsch 9, hrsg. v. Peter Kohrs, Schöningh-Verlag, Paderborn 1996).

Erwartungsgemäß traten auch einige *Imitations-Dilettantos* an, die versuchten, das ‚affengeil'-Konzept in sogenannten „Trendwörterbüchern" bzw. Zeitschriftenserien mit langatmigen – und mitunter recht fragwürdigen – Erläuterungen zu „verbraten". Diese Veröffentlichungen entbehrten allerdings jeglicher Quellenangaben und fundierter linguistischer Kommentare, so daß stark anzunehmen ist, daß sie ausschließlich der Phantasie ihrer Autoren entspringen (= „gefakte" Jugendsprache), aber keinesfalls „echte" Jugendsprache wiedergeben (wollen).

Und schließlich fungierte ‚affengeil' sogar als richterliche Entscheidungsgrundlage in einem aufsehenerregenden Gerichtsprozeß: Es ging darum, ob ein neugeborenes Mädchen den Namen „Sonne" tragen dürfe oder nicht. Der Standesbeamte und der bayerische Amtsschimmel (= Amts- und Landgericht) hatten einer jungen Mutter – unter Berufung auf die ‚Richtlinien der deutschen Namensgesetzgebung', nach denen ein Name „weder diskriminierend noch abschätzig" sein darf – die Ausstellung der gewünschten Namensurkunde für das Kind verweigert, da dadurch „die allgemeine Sitte und Ordnung verletzt" und darüber hinaus „eindeutig dem Kindeswohl widersprochen" werde. Die *Erzeugerin machte* daraufhin *einen auf hartnäckig*, bis sie auf ein Gericht traf, das ihr „Beweismittel" – nämlich das „affengeile" Lexikon – *eincheckte:* Der erste Zivilsenat des Bayerischen Obersten Landesgerichtes erlaubte höchstoffiziell die Namensgebung und bezog sich dabei auf ‚affengeil' (S. 146): „Sonne" sei im heutigen Sprachgebrauch die Bezeichnung für ein „hübsches Mädchen", ...

... Und nun also *oberaffengeil*, denn alles fließt – insbesondere die schnellebige Jugendsprache, welche diesen Ergänzungsband geradezu erfordert, damit auch künftig die Gerichte wieder auf der Grundlage neuester Sprachtrends Recht sprechen können.

Ausdrücklicher Dank gebührt an dieser Stelle wieder meinen zahlreichen Probanden, die ihre *brain-power* investierten: meinen (Ex-)Schülerinnen und (Ex-)Schülern in München, Rosenheim, Starnberg und St. Ottilien; ferner *muchas gracias* sämtlichen deutschen Jugendlichen (einschließlich den ewig Post-Adoleszenten bzw. selbsternannten „Berufsjugendlichen") aus El Arenal, Paguera, Can Pastilla y Playa de Palma de Mallorca und anderswo.

München, im März 1996 H. E.

Einleitung

Wie recherchiert man Jugendsprache?

Wer sich stets die neuesten Trends und Tendenzen der deutschen Jugendsprache(n) brandaktuell *um den Kürbis pfeifen* lassen will und dabei nicht „aus zweiter Hand“ versorgt werden möchte, der sollte sich – so meine Recherche-Erfahrungen – nicht nur bei den *Frischlingen* im eigenen Land umhören, sondern auch gelegentlich in die deutschen Touristenhochburgen auf den balearischen oder kanarischen Inseln *abtauchen.* Ausgerechnet in diesen Urlaubsmekkas blüht nämlich – so kurios es zunächst scheinen mag – die jeweils aktuelle deutsche Jugendsprache am natürlichsten und unverfälschtesten! Nirgendwo sonst – schon gar nicht innerhalb der deutschen Landesgrenzen – wird man so viele deutschsprachige *Milchtüten* (und solche, die sich dafür halten) *kontaktieren* können wie etwa in den Sommermonaten an der rund zwanzig Kilometer langen Playa de Palma de Mallorca; rund anderthalb Millionen deutsche *Jungtiere* im Alter von 15 bis 25 Jahren aus nahezu allen sozialen Schichten geben sich hier alljährlich *die Klinken in die Flossen,* um für ein paar Wochen die *gefrustete Melone* leerzufegen und eine *Horde bunter Bären zum Mond fliegen zu lassen:* Azubis, Studenten, (Teil-)Aussteiger, (Single-) Desperados, aber auch Kegel- bzw. Kickerclubs und Schulklassen, die ihre bestandene Abschlußprüfung feiern und sich ohne *(Schul-)Häuptling bzw. sonstige Befehls-Sheriffs* ein paar Tage (oder auch Nächte) lang bei einer *Kneip(en)-Kur die Schotten bis zum Mega-Durchknall zuballern.*

So sehr die kommunikativen Gewohnheiten der einzelnen jugendlichen Gruppen auch variieren bzw. divergieren mögen, eines ist allen gemeinsam: Gerade in der Freizeit *zeigen* sie der *Spießer-Standardsprache* so richtig den *Kukkuck* und *klemmen sich dabei kein Feigenblatt vor den Rüssel:* spontane Augenblicksbildungen, mehr oder weniger kreative Wort-Neologismen sowie alle möglichen – und unmöglichen – Bedeutungsveränderungen dominieren den juvenilen Sprachton. In „ihrer" jeweiligen Sprachform bzw. Kommunikationsart – und sei es nur noch ein erschöpftes Rülpsen nach einer *durchalkten Rave-Nacht* – drücken gerade die *Abgedröhnten* völlig authentisch das *Feeling* aus, das ihnen im Augenblick *grell unter der Hose brodelt.* – Ein idealer Ort also für Recherchen zu einem ‚Lexikon der deutschen Jugendsprache(n)'!

Der Autor – altersmäßig immerhin auch schon ein *mittlerer Grufti* (sprich: über dreißig!) und obendrein *Sheriff* in einer katholischen *Gymnastiker- und Internierungs-Anstalt* – hat sich also für dieses neue ‚Lexikon der Jugendsprache' über einen längeren Zeitraum in der deutschen Jugend-„Enklave" El Arenal auf Mallorca einquartiert, um sich die sprachlich-kommunikativen Gewohnheiten heutiger Jugendlicher empirisch-detektivmäßig *hinter die Ohrmuscheln zu klemmen* – zum Teil als unerkannt gebliebener Einzelkämpfer, zum Teil gezielt mit eigenen Schulklassen und anderen Jugendgruppen. Insgesamt drei Monate lang *tauchte* er in die Szene vor Ort – das heißt in die gesamte Playa de Mallorca – *ab,* hörte selbst dann noch tapfer und analytisch hin, wenn andere längst *abgenervt* weghörten, und zeichnete mit Hilfe von Tonband bzw. Fragebogen knapp 2000(!) *neue* jugendsprachliche Vokabeln und Begriffe auf. Schließlich *qualmte ihm der Schornstein bis zum Anschlag,* und seine – nicht nur von der Sonne hochrote – *Tomate* kochte.

Wieder zurück in Deutschlands Süden, warteten nicht weniger als 32 von Probanden besprochene Kassetten, 63 handgeschriebene Seiten mit eigenen Notizen und 409 anonyme Fragebogen auf die Auswertung. In einem ersten Schritt wurden deshalb die empirisch registrierten Ergebnisse der „Urlaubs-Jugendsprache“ systematisiert und unter anderem nach folgenden Kriterien klassifiziert:

- nach der syntaktischen Funktion bzw. Verwendungsweise der jeweiligen Vokabeln im Satz(bau),
- nach etymologischen und sozialen Herkunftsquellen der Wörter,
- nach eventuellen dialektalen bzw. regionalen Besonderheiten,
- nach speziellen Auffälligkeiten/Gemeinsamkeiten bei Bedeutungsveränderungen,
- nach Besonderheiten in der Wort- bzw. Begriffsbildung,
- nach Auffälligkeiten in der morphologischen, sprich: grammatikalischen Verwendung.

Eigentlich hätten die so gesammelten Aufzeichnungen, für sich genommen, schon ein komplettes ‚Neues Lexikon der Jugendsprache‘ ergeben. Um das Ergebnis aber auf eine breitere wissenschaftliche Basis zu stellen und abzurunden, wurde ergänzend in einem zweiten Schritt an diversen Orten in Deutschland und Österreich mit den gleichen Fragebogen nach- bzw. querrecherchiert. Das Resultat dieser Zusatzrecherchen *schmetterte* dann allerdings den neugierigen und versierten *Sprachpiraten* beinahe *vom Holzbein:* Die Diskrepanz zwischen den in der Heimat registrierten und den in der Ferne aufgezeichneten Vokabeln war unerwartet hoch. Die in heimatlichen Gefilden gesammelten Begriffe waren biederer und klangen weitaus „braver“ als die in den Touristenzentren aufgeschnappten, wo sich die Jugendlichen absolut unbeobachtet fühlten bzw. ihre Balzkämpfe des massiven Konkurrenzdrucks wegen mit (immer) extremeren Neologismen austrugen – Imponiergehabe im homogenen Gruppenraum etc. Sie wissen schon . . .!? Was mich bei der Auswertung jedoch am meisten erstaunte, war die im Vergleich zu meiner Erhebung vor sechs Jahren deutlich geringere Anzahl von Anglizismen im Sprachschatz der Jugendlichen. Als Ausgleich tauchten extrem viele deutsche Bedeutungs- und Begriffsveränderungen auf. Auffällig ist also auch die deutliche Diskrepanz zwischen der echten und der „gemachten“ („gefakten“) Jugendsprache der Medien, wo gerade starke Amerikanisierungs-Tendenzen festzustellen sind.

Aus der großen Anzahl von gesammelten Vokabeln und Begriffen mußte ich zwangsläufig eine Auswahl treffen; das Ergebnis dieser peinigenden Bemühung ist das vorliegende Lexikon. Die ursprüngliche, breite empirische Basis aber bleibt im Hintergrund als Bezugspunkt spürbar; das macht den Unterschied zu einigen neueren sogenannten „Trendwörterbüchern“, die den Markt derzeit regelrecht überschwemmen. Meine Hauptkriterien bei der Wortauswahl waren folgende:

- tatsächliche Häufigkeit der Verwendung in der Jugendsprache (= Quantität/Frequentierung);
- Kreativitäts- bzw. Phantasiegrad „neuer“ Begriffe, sogenannter „Neologismen“ (= Qualität);
- Originalität von jugendsprachlichen Bedeutungsveränderungen, -verschiebungen, -erweiterungen usw.

Aber Achtung! Allzu aggressive Kraftausdrücke, Obszönitäten und die Menschenwürde verletzende Vokabeln aus dem Psychiatrie-, Sexual- und Fäkalbereich wurden ganz bewußt nicht aufgenommen, um ihnen kein Forum zu geben. Alles andere ist drin. Und noch etwas: Erfunden wurde nichts – also alles echt!

1. Jugendsprache – ein Anschlag auf die deutsche „Sprachkultur“?

Für die einen ist sie das *absolute Mega-Nonplusultra,* die heutzutage einzig denkbare sprachliche Ausdrucksform. Andere sehen in ihr immerhin noch eine mehr oder weniger kreative experimentelle Sprachvariante, die den soziokulturellen Wandel unserer – oft als „postmodern“ bezeichneten – Gesellschaft in sprachdynamischer Form widerspiegelt und sowohl durch innovative Spielereien als auch durch ein gewisses Maß an Kreativität auffällt. Wieder andere dagegen halten sie für ein Symptom von Unkultur oder gar für einen Anschlag auf die deutsche Sprachtradition.

Die Tatsache, daß die Meinungen über „Jugendsprache" quer durch alle Altersschichten seit eh und je recht heftig differieren, läßt auf den hohen Stellenwert schließen, den sie tatsächlich im aktuellen Sprachspektrum einnimmt. Gerade die zunehmenden Äußerungen der Kritiker müssen Anlaß zum Nachdenken geben, weil sie nämlich von durchaus kompetenten Zeitgenossen, etwa von Marcel Reich-Ranicki oder Walter Jens, vorgebracht werden: So kann heute wohl kaum mehr geleugnet werden, daß sich innerhalb der diversen deutschen Jugendsprachen in den letzten Jahren einige unschöne Tendenzen breitgemacht haben, die (nicht nur dem notorischen *Kritikalo*) mißfallen können – weil sie nämlich keine Weiterentwicklung der Sprache mehr darstellen, sondern eher einen Rückschritt bzw. einen Rückfall in längst überwunden geglaubte Sprach- und Denkmuster. Man denke etwa an das aggressiv-radikale Sondervokabular der neuen rechtsextremen bzw. rechtsradikalen Jugend-Szene (vgl. Farin/Seidel-Pielen, Skinheads, München 1994).

Trotz mancher berechtigter Bedenken bin ich selbst weiterhin der festen Überzeugung, daß die Jugendsprache dennoch *nicht* für den oft herbeizitierten „Niedergang der deutschen Sprachkultur" verantwortlich gemacht werden kann. Dies hieße nämlich Ursache und Wirkung vertauschen: Schließlich ist die Jugendsprache zunächst einmal eine Reaktion auf gesellschaftliche Gegebenheiten und Zustände, sie hält der modernen Medienlandschaft und damit dem ganzen sozialen Umfeld doch lediglich den Spiegel vor. Eher scheinen mir – wie seinerzeit schon Johann Wolfgang von Goethe in einem Brief an seinen Freund Johann Gottfried Herder am 1. 10. 1810 bemerkte – in erster Linie diejenigen die potentiellen Totengräber einer Sprachkultur zu sein, die „mit ihren farblosen, einfallslosen, ungeheuer komplizierten Sprachformeln und ihrer Rechtschreib-Rechthaberei einem jede Sprachspielerei verleiden" (Goethe).

Unabhängige Umfragen (Forsa, Emnid usw.) haben gezeigt, daß der Mehrzahl der Erwachsenen, und nicht nur den Jugendlichen, viele *abgefeierte* Gewohnheiten unserer gegenwärtigen Erwachsenensprache – sprachwissenschaftlich bezeichnenderweise auch „Standardsprache“ genannt – mitunter *absolut tierisch auf den Zeiger gehen.* Oder anders ausgedrückt: Einige standardsprachliche Gepflogenheiten *schlagen ihnen so schrill auf die Melone,* daß sie sich gezwungen sehen, in (neu kreiertes) „Protestvokabular“ auszuweichen. Ein erwachsenensprachliches Zitat wie das folgende, ausgewählt aus einer aktuellen behördlichen Verwaltungsvorschrift, mag vielleicht auch bei *Neutralos* Verständnis für solche „Flucht“-Reaktionen erwecken:

> „Bauprodukte jedweder Art und Beschaffenheit dürfen nur für die Errichtung, Änderung und Instandhaltung baulicher Anlagen verwendet werden, wenn sie für den Verwendungszweck erstens von den nach Absatz 2 bekanntgemachten technischen Regeln nicht oder nicht wesentlich abweichen (geregelte Bauprodukte) oder nach Absatz 3 zulässig sind und wenn sie aufgrund des Übereinstimmungsnachweises nach Paragraph 24 ein gültiges Übereinstimmungszeichen (Ü-Zeichen) tragen oder zweitens nach den Vorschriften ...“

Na, alles gerafft?

Wohl jeder *Neutralo,* dem nach der Lektüre dieses einen Beispiels *bereits die Socke bis zur Kniekehle qualmt,* weil er kaum etwas davon *gelöffelt* hat, wird wahrscheinlich nachvollziehen können, daß viele Menschen sich mit derartigen Standard-Auswüchsen der Erwachsenen-Fachsprache(n) nicht mehr normieren lassen wollen.

Niemand wird ernsthaft bestreiten, daß die Standardsprache in den letzten Jahrzehnten eine zunehmende Spezialisierung durchlitten hat, die Hand in Hand mit einer regelrechten Fremdwörter-Manie gegangen – und noch lange nicht abgeschlossen ist. Sie fächert sich immer weiter in diverse Fachsprachen mit teilweise hochkomplexen Termini auf, die Uneingeweihten und Nicht-Mitgliedern – also gerade Jugendlichen – als „Fachchinesisch“ unzugänglich bleiben. Die logische Folge: Da immer mehr Menschen aus immer mehr Bereichen sprachlich ausgegrenzt bleiben, halten sie sich im Bereich ihres eigenen „Fachchinesisch“ schadlos. – Die Folge: Es entwickeln sich immer größere Sprachunterschiede. Der logische Umkehrschluß: Die Angehörigen einer bestimmten, zunehmend individualisierten (Sub-) Kultur finden in der Alltagssprache ihrer Außenwelt keine Ausdrucksformen für ihre Sonderwelt mehr vor. Also schafft sich nahezu jede gesellschaftliche Gruppierung ihre eigene Sondersprache – einerseits um Zusammenhalt nach innen zu demonstrieren, andererseits um sich aktiv nach außen abzugrenzen. Eine dieser Sondersprachen ist die Jugendsprache.

Auch das Sprachphänomen „Neudeutsch“ (vgl. Schönfeld, alles easy, München 1995) läßt sich als Sondersprache klassifizieren; ihr Wortschatz entspringt übrigens zu großen Teilen der Jugendsprache bzw. wird auch von Jugendlichen verwendet. Der zentrale Unterschied zwischen Jugendsprache und Neudeutsch liegt in der Verbreitung, also in der Häufigkeit der Nutzung. Beschränkt sich die Jugendsprache nur auf eine bestimmte soziologische Gruppierung, deren exakte Abgrenzung freilich zunehmend schwieriger wird, wird „Neudeutsch“ von breiten Bevölkerungskreisen gesprochen, auch solchen, die bereits dem Jugendalter entwachsen sind, sich aber bewußt nicht zum Establishment zählen; oder solchen, die viel mit Jugendlichen kommunizieren, ohne sich sprachlich allzu sehr anbiedern zu wollen.

Der Braunschweiger Linguistikprofessor Helmut Henne betonte bereits vor zehn Jahren eindringlich diesen gesamtgesellschaftlichen und gesamtsprachlichen Aspekt, indem er auf die vier Dimensionen der „Jugendsprache“ hinwies: „Den vier Dimensionen dieser Gruppensprache sind vier Begriffe zuzuordnen, die das Wesentliche dieser Dimension benennen. *Sprachprofilierung* sei der Begriff, der die Funktion von Jugendsprache benennt; *Jugendton* der, welcher die besondere Struktur einfängt; *Praxisbezug* sei der Begriff, welcher die kommunikative Wirklichkeit dieser Gruppensprache nachzeichnet; hingegen soll es Aufgabe der *Sprachkritik* sein, diese Gruppensprache, auch im Sinn einer Außensicht, zu kennzeichnen“ (Henne, Jugend und ihre Sprache, Berlin/New York 1986, S. 214 f.).

Interessant ist in diesem Zusammenhang, daß es im angloamerikanischen Sprachgebrauch – anders als im deutschen und romanischen (vgl. hierzu auch Manzonis, Dizionario del linguaggio giovanile; Milano 1986) – Begriffe wie „Language of youth“ oder „speech of adolescents“ überhaupt nicht gibt, sondern daß stattdessen einfach von *Slang* gesprochen wird: „That slang is language whose use serves to mark the users as part of a distinct Social group“ (Munro, Slang „U“ [= Underground], New York 1989, S. 4).

2. Was liegt momentan im Trend?

Vor knapp einhundert Jahren stellte der Straßburger Universalgelehrte und Sprachenforscher Rudolf Eilenberger fest:

> „Die Bedeutung der studentischen Sondersprachen für die Entwicklung unserer Sprache ist heute allgemein anerkannt und durch größere Arbeiten über verschiedene Gebiete dargelegt und gewürdigt worden. Wir besitzen bereits umfassende Aufzeichnungen über die Studenten-, Soldaten-, Seemanns-, Jäger-, Bergmannssprache, auch über die Sprache der Gauner. Die Sondersprachen sind individuell, und es liegt in ihnen ein Zug nach bewußter Abgeschlossenheit. Die Schranken der Gesellschaft, des Alters und des Berufs werden auch zu Grenzen in der Sprache, sowohl in der Sprechweise als auch vor allem im Wortschatz. Das Streben nach Heimlichkeit und nach dem Geheimnisvollen der Sondersprachen ist vielfach, bei der Gaunersprache und bei der Pennälersprache, ein Gebot der Notwendigkeit (...). Die große Bedeutung der Sondersprachen, vor allem der studentischen, liegt darin, daß sie (...) ganz neue Wörter bilden und Wörter aus der

Muttersprache oder aus zum Teil ganz fernliegenden Sprachen mit einem neuen Inhalt versehen und daß dann eine Menge dieser Sonderausdrücke in die Allgemeinsprache eindringt und dadurch die Gesamtentwicklung des Wortschatzes wesentlich bestimmt. Diese Entwicklung wird nie zu Ende gehen."

(Pennälersprache, 1910)

Unterzieht man diese Feststellung, die im Gegensatz zu der seinerzeit streng deutschnational bzw. eindimensional ausgerichteten Sprachwissenschaft getroffen wurde, einer kritischen Prüfung, so stellt man fest, daß Eilenbergers Thesen auch heute noch volle Gültigkeit beanspruchen können. Vokabeln aus der Pennälersprache des 19. Jahrhunderts wie *dösen, Penne, Pauker* – seinerzeit von Erwachsenen als skandalös und dekadent empfunden – sind längst umgangssprachlich „eingebürgert". Ähnliches läßt sich gegenwärtig bei Wörtern beobachten, die noch vor zehn oder fünfzehn Jahren von Sprachpuristen in die Kategorie „unbrauchbarer Außenseiterwortschatz" abqualifiziert wurden. Auch sie sind mittlerweile im alltäglichen Sprachgebrauch längst zu einem mehr oder weniger festen, gesellschaftlich akzeptierten Bestandteil des Wortschatzes geworden. Entsprechende Beispiele findet man in jedem Zeitungsartikel der 90er Jahre: „toll, echt, voll, riesig, geil, Schlaffi, Softi" – um nur einige zu nennen.

Genau dasselbe wird man in ein oder zwei Jahrzehnten für solche Vokabeln bzw. Ausdrücke feststellen die heute noch als ausschließlich jugendspezifisch oder subkulturell gelten. Unkonventionelle Formen wie *Härtepreis, anöden, hohl, trendy, Kritikalo, Neutralo, Konsumenti, Skinnie* – fast nur im Sondersprachenjargon Jugendlicher bzw. in subkulturellen Szenen vernehmbar – werden höchstwahrscheinlich schon um die Jahrtausendwende Eingang in die etablierte Umgangssprache gefunden haben. Das ist auch leicht zu erklären, denn unsere Jugendlichen von heute werden die Erwachsenen von morgen sein, und ihre eigene Sonderlexik zu einem gewissen Teil in ihr Erwachsenenalter hinüberretten. – Ein Vorgang, den Eilenberger ebenfalls bereits zu Anfang unseres Jahrhunderts sehr treffend analysiert hat. Auch die Erkenntnis, daß die stets sich ändernde Jugendsprache immer einen Reflex der jeweiligen Gesellschaft bildet, ist alles andere als neu. Bereits 1795 hatte der Quedlinburger Professor Christoph Friedrich Bernhard Augustin erkannt, daß sich „die Zeit der Rohheit (...) sehr sichtbar in dieser Sprache (gemeint ist die studentische Jugendsprache, Anmerkung H. E.) spiegelt, besonders durch schmutzige Benennungen, mit welchen man an sich unanstößige Dinge belegte" (Augustin, Idiotikon der Burschensprache, Quedlinburg/Germanien 1795, S. 5).

a) Wortschatzebene (= Lexik)

Die neuen Umfragen belegen, daß der Wortschatz der deutschen Jugendsprache während der letzten fünf Jahre im Tonfall aggressiver bzw. radikaler geworden ist, was sich vermutlich auf das gesamtgesellschaftliche Klima zurückführen läßt. Worte wie *abfackeln, frikassieren, weichklopfen, Birnenmus, Klopfkonzert, abklatschen* sind heutzutage gang und gäbe. Die Tatsache, daß ich für das Wort „schlägern/raufen" von Probanden 39 (!) verschiedene Synonyme genannt bekam (in ‚Teil 2' dieses Lexikons nachzulesen!), spricht eigentlich Bände; für „Gewehr/Pistole" fanden sich immerhin noch 18 Synonyme.

Darüber, wo die konkreten Wurzeln und Ursachen für diese zunehmende „Gewalt in der Sprache" liegen könnten, ist von Experten bereits viel spekuliert worden. Sicherlich spielt die Zukunftsangst vieler junger Menschen *eine* entscheidende Rolle. Jedenfalls wurden mir von jugendlichen Probanden sage und schreibe 25 (!) Synonyme für „Angst" genannt. Besonders groß ist die Lebensangst wohl bei extremistischen Gruppierungen, etwa der Skin-Szene; hier konnte ich jedenfalls die meisten „Angst"-Synonyme verzeichnen. Auch der immer „ungehemmtere" Ton in vielen

Medien dürfte eine Rolle bei der zunehmend aggressiven Aufladung der Jugendlexik spielen.

Gruppenspezifisch unterschiedlich ist die Anzahl fremdsprachlicher Anleihen. Während man in „rechten" Kreisen bei der Bildung von neuen Begriffen, sogenannten „Neologismen", vorzugsweise und betont auf „deutsches Wortgut" zurückgreift und dieses lediglich semantisch umdeutet bzw. in seiner Ausdrucksschärfe durch gezielte Wortumbildungen verstärkt, finden sich bei Schülern und Studenten überdurchschnittlich viele fremdsprachliche, gar antike Anleihen. Ganz allgemein läßt sich aber feststellen, daß kreative Wortneuschöpfungen (z. B. *krokofantös, elefantös*, vgl. ‚affengeil') zurückgegangen sind.

Augenfällig ist ferner, daß die jugendsprachliche Lexik noch ökonomischer geworden ist. Bildete man gegen Ende der 80er Jahre in der Regel noch syntaktisch einigermaßen einwandfreie Sätze, so sind heute Teilsätze und/oder Satz(ab)brüche an der Tagesordnung. Möglicherweise spielen hier die zahlreichen Computer-Kürzel eine Rolle.

Auch die seit kurzem immer zahlreicher anzutreffenden „-ie"- und „-o"-Suffixe (s. u.) unterstreichen diese Tendenz zur Sprachökonomie (vgl. *Grumpie, Fruppie, Skinnie, Yiffie, Fascho* usw.).

b) Wortbildungsebene (= Morphologie)

Das auffälligste jugendsprachliche Merkmal auf der Wortbildungsebene ist die zunehmende Präfix- bzw. Suffixbildung. Verstärkende Vorsilben (z.B. *ab-schmieren, abschweben, zu-schütten, zu-ballern, ein-pfeifen*) und ursprünglich romanische *End*silben (z. B. *Sympathik-o, radikal-o, rapid-o*) sind bei Jugendlichen *voll hip.* Auch Suffixe, die das jeweilige Wort, welchem sie angehängt werden, hinsichtlich Wortart, Genus und Numerus (Einzahl oder Mehrzahl) spezifizieren, sind neuerdings bei Verbalisierungen von Substantiven (z. B. *ab-Müll-en, an-Meier-n, ab-Fackel-n, abge-Bagger-t, ab-Jacke-n, be-Koffer-n, ab-*

Schmiere-n) im Trend; seltener dagegen werden deutsche Suffixe an fremdsprachige Wortstämme angehängt (z. B. *galakt-isch*).

Sogenannte „Komposita" hingegen, also Wortzusammensetzungen, wie sie die Standardsprache zuhauf kennt (z.B. Sonntagsarbeit, Abendstunde, Kirchgang), spielen in der Jugendsprache kaum noch eine Rolle; lediglich einige wenige Ausnahmen lassen sich noch antreffen (z. B. *Kohlenkeller* für „Banksafe").

c) Bedeutungsebene (= Semantik und Pragmatik)

Die Bedeutungsebene markiert seit jeher – zusammen mit der Wortschatzebene – das Kernstück jugendlicher Kommunikation. Die moderne Jugendsprache lebt bekanntlich von kreativen, spielerischen semantischen Wortumdeutungen bzw. Bedeutungsveränderungen (z.B. *blöken, Bodenturner, Aufguß, Klopfkonzert*). Darin liegt das große Potential der Jugendsprache und einer der Hauptgründe für ihre anhaltende Beliebtheit in weiten Bevölkerungskreisen.

3. Warum überhaupt Jugendsprache?

a) Der Protestaspekt

Fast immer steht Protest im Vordergrund, wenn Jugendliche sich in ihrer Sprechweise von der Alltagssprache der Erwachsenen bewußt abgrenzen. Sie verstehen „ihre" Sprache in erster Linie als Instrument gegen die – aus ihrer Sicht – zur Sprache gebrachte Sprachlosigkeit der Erwachsenenwelt und als Gegenpol zu bestehenden sprachlichen *und* gesellschaftlichen Normen bzw. Konventionen, die antiquierte Relikte aus vergangenen Zeiten darstellen. Schlagendes Beispiel hierfür ist *Dinos* als Synonym für „Eltern".

b) Der Abgrenzungsaspekt

Viele Erwachsene versuchen, sich sprachlich anzubiedern, um so vermeintlich Zugang zur Welt der Jugendlichen zu bekommen und leichter von diesen akzeptiert zu werden. Dieser Versuch mißlingt fast immer, da der Erwachsene nicht mehr authentisch wirkt und sich wie ein Elefant im verbalen Porzellanladen benimmt. Solche Anbiederei wird von seiten der Jugendlichen eher als Eindringen in eine Intimsphäre angesehen, in der man altersmäßig unter sich bleiben möchte. Jugendsprache ist somit immer auch ein Stück bewußter Abgrenzung.

c) Der Aspekt der Credibility

„Echt" bzw. authentisch sein, Originalität ausdrücken, Glaubwürdigkeit rüberbringen – so lassen sich die Ideale der meisten heutigen Jugendlichen umrißhaft definieren: Diese Art von Credibility zeigt sich auch deutlich im sprachlichen Verhalten (vgl. Janke/Niehues, Echt abgedreht, München, 1995). Anders gesagt: Im Trend liegt, was nicht unbedingt im Trend liegt – aber nicht etwa nur deshalb, weil es nicht im Trend liegt, sondern vor allem deshalb, weil das, was im Trend liegt, logischerweise nicht allzu originell sein kann! – Nicht verstanden? Kein Problem; merken sie sich einfach dies: Entscheidend für die heutigen Jugendlichen ist, daß die Sprache authentisch klingen und zur jeweiligen Person bzw. zu deren Einstellung passen soll. Was auch immer das dann im Detail heißen mag.

d) Der Spiel- und Innovationsaspekt

Der Wunsch, etwas Neues, Eigenes, ganz Persönliches und Authentisches zu schaffen, ist bekanntlich tief in der menschlichen Natur verwurzelt. Ganz besonders gilt dies für die Sprache, mit der ein junger Mensch vorzugsweise „spielt“: aus Lust am Absurden, am Witz durch Umbegreifen eingeführter Begriffe (z. B. *Breitbandnudel, Denkzwerg, Bodenturner, Dusseltier, Fahrlappen, Frischling*). Authentisch ist dennoch, wer da eine *Breitbandnudel* erkennt, wo andere bloß eine füllige Matrone sehen können.

e) Der affektiv-emotionale Aspekt

Aufgestaute Aggressionen werden am sinnvollsten durch konkrete Handlungen oder verbal abgebaut. Hunde, die bellen, beißen nicht. Also: Die Jugendsprache kann als ein Stück „kanalisierter Emotionsabfuhr“ mit therapeutischem Effekt gedeutet werden: Wer sich sprachlich abreagiert, begeht keinen Vatermord und braucht auch keinen Therapeuten. Da sich Jugendliche während der Pubertät mit ziemlich vielen Konflikten auseinandersetzen müssen, die sie allesamt nicht lösen können, drängen ihre aufgestauten Affekte und Emotionen in die Sprache. Wer das nicht begreift und weiterhin über die Jugendsprache *ablästert*, sollte unter → *Denkzwerg* nachschlagen.

f) Der kommunikativ-ökonomische Aspekt

Wie schon erwähnt, zeichnet sich die Jugendsprache gegenüber der Hoch- bzw. Standardsprache durch eindeutige kommunikative Vorteile aus. Sie ist *konkreter und farbiger* als die überwiegend an Abstraktion und Deskription orientierte Standardsprache.

- Sie ist *ökonomischer und bequemer* als die vielfach langatmige, verschnörkelte Standardsprache.
- Sie drückt *subjektive Gefühle und Stimmungen* besser aus als die um Objektivität und Sachlichkeit bemühte Standardsprache.
- Sie *entkrampft die jeweilige Gesprächsatmosphäre* und ist durch ihre weitgehende Regellosigkeit wesentlich *flexibler* als die steifere Standardsprache.

4. Abschließende Thesen

These 1: Es gibt nicht *die* (eine Jugendsprache, weil es die Jugend als homogene Gruppe nicht gibt. Vielmehr existieren *mehrere Jugendsprachenvarietäten* nebeneinander, die sich wiederum gegenseitig inspirieren (Szene-Sprache, Musikerjargon, Schüler- bzw. Studentensprache, Knastjargon usw.); sie sind auch stets ein seismographischer Reflex des jeweiligen gesellschaftlichen Umfeldes.
These 2: Es gibt nicht die *Jugendsprache* an sich, wohl aber jugendspezifische Besonderheiten, die sich in sprachlicher, grammatikalischer lautlicher und wortbildungsspezifischer Hinsicht deutlich von der Standardsprache abheben.
These 3: Es gibt nicht die Jugend*sprache* als mehr oder weniger komplettes Sprachsystem, sondern lediglich das schnellebige, sich nicht zu einer festen Struktur verdichtende Sprechen von Jugendlichen.

Artikel

Teil I

Jugendsprache – Standardsprache

Von „abblödeln“ bis „zusammenklappen“

A

abblödeln

(dumme) Witze machen, Possen reißen, Unsinn veranstalten (zumeist in der Wendung *sich einen abblödeln*). Wortstamm „blöd", als Verb aktiviert durch Präfigierung („ab-") und Suffigierung („-eln"); Bsp.: In der → *Folterkammer haben wir uns wieder mal voll einen abgeblödelt.*

abbürsten

→ bürsten

abdrücken

etwas herausrücken (meist *blaue* → *Fliesen*), etwas (nicht ganz freiwillig) hergeben; wer eine Knarre vor seine → *Tomate* gehalten kriegt, sollte lieber → *rapido* die → *Lappen abdrücken!* Bsp.: *Drück' endlich die* → *Peanuts ab, du* → *Windei!*

abfackeln (norddtsch./ostdtsch.)

1. zündeln, mit offenem Feuer „spielen"; 2. etwas anzünden/mit Benzin in Brand stecken, niederbrennen (von der „Fackel" abgeleitet); vor allem in rechtsextremen bzw. -radikalen (Jugend-)Kreisen beliebte Vokabel; oft im Zusammenhang mit → *Faxereien* und → *Klopfkonzerten*; Bsp.: *Schon gehört: Gestern haben sie die neue* → *Gummizelle abgefackelt! Die* → *Aussi-Bude abfackeln, logo, da bin ich immer dabei!*

abfüttern

Internats- bzw. Tagesheimjargon – klingt genauso, wie es dann auch schmeckt: jemanden schlecht verköstigen, jemandem miserable Mahlzeiten vorsetzen; vermutlich der Bauernsprache entnommen („das Vieh im Kollektiv (ab)füttern“); Bsp.: *In der → Internierungs-Anstalt füttern sie einen ab wie eine Truppe Schweine.*

abgebaggert

körperlich und/oder seelisch ausgebrannt bzw. ausgelaugt, (buchstäblich) „am Boden“ sein (= sog. „burn out“-Syndrom); wen’s trifft, der wird wenigstens nicht angebaggert – falls das ein Trost ist; laut Küppers Wörterbuch der Umgangssprache aus dem Bauarbeiterjargon („Erdreich abbaggern“) übernommen und bedeutungsmäßig variiert; Bsp.: *Du siehst vielleicht abgebaggert aus. Mann, bin ich abgebaggert!*

Abgebrochener

ausschließlich auf männliche Personen bezogen: 1. Gescheiterter, Verlierer; 2. kleingewachsener Jugendlicher, kleiner Kerl (bezogen auf die Körpergröße), syn. → *Kurzer.* Im Schülerjargon: von Älteren despektierlich für die → *Baby-Kids* verwendet, häufig auch als Adjektiv – dann meist in Bedeutung 1 (z. B. ein *abgebrochener Typ*); laut Friedrich Kluges Wörterbuch der deutschen Studentensprache (1895) bereits im 19. Jahrhundert belegt („Abgebrochener“ = Studienaussteiger, -abbrecher); Bsp.: *An der → Schwachstrom-Akademie sind doch nur lauter Abgebrochene. Was will denn das abgebrochene → Windei hier?*

abgedreht

1. als positiver „Superlativ“: besonders gut/schön/großartig; 2. als negativer „Superlativ“: mies, ganz schlecht, unbrauchbar, völlig wertlos; 3. ausgeflippt, originell; häufig durch Steigerungspartikel (*voll, echt, total, tierisch*) verstärkt; stammt ursprünglich aus der Navigationsfachsprache („abdrehen“ bzw. „beidrehen“); Bsp.: *Das ist eine voll abgedrehte → Hippe.*

abgefahren

1. positiv: ausgefallen, bewundernswert, (gelegentlich: hervorragend); 2. negativ: abgedroschen, abgelutscht, aus der

Mode gekommen, langweilig (vgl. auch → *abgedreht,* → *abgegessen,* → *abgejubelt,* → *abgemackert*); ähnlich wie → *abgedreht* mit doppeldeutiger Semantik, weshalb man also genau hinhören muß; zugrunde liegt der umgangssprachliche Terminus vom „abgefahrenen Zug"; Bsp.: *Das ist aber ein abgefahrenes Hemd! Was will denn die abgefahrene* → *Winseltüte hier?*

abgegessen

1. längst vorbei, „kalter Kaffee"; 2. einfallslos, langweilig, altmodisch; Ggt. → *abgehoben*; dem umgangssprachlichen „gegessen" setzt die Jugendsprache einfach noch eins drauf, nämlich das als Verstärkung wirkende Präfix „ab"; Bsp.: *Das ist doch alles längst abgegessen. So eine abgegessene Fete geht mir voll auf den* → *Zeiger!*

abgegriffen

→ abgreifen

abgehoben

als positiver „Superlativ": phantastisch, großartig, enorm; Ggt. → *abgegessen*; vgl. auch → *Abhebeparty*; Bodenhaftung ist halt von Übel, wenn man noch so jung ist; aber auch im gereifteren Alter, so wird berichtet, sollen ja nicht bloß Piloten ab und zu mal den Bodenkontakt verlieren; Bsp.: *Bei den* → *Ossis ist immer eine voll abgehobene Stimmung.*

abgejubelt

1. heruntergekommen, schäbig, häßlich; 2. altmodisch, aus der Mode (gekommen), langweilig (vgl. → *abgegessen*); 3. alt, betagt (vgl. → *abgemackert*); *abgejubelt* ist irgendwann beinahe alles und jeder; worttechnisch auffällig die im übrigen sehr häufige Präfigierung „ab" (hier in verneinender Funktion!); Bsp.: *Das ‚Paradiso' ist doch ein total abgejubelter Schweineladen. Was ist das denn für eine abgejubelte Jacke?*

abgemackert

abgedroschen, überholt, „von gestern", langweilig, mies (vgl. → *abgebaggert*, → *abgefahren*, → *abgegessen*); vermutlich abgeleitet von der „Macke" oder vom „Macker", den sie ziehen läßt; Bsp.: *Das ist aber eine ziemlich abgemackerte → Mucke, die die hier auf der → Piste → rauslassen.*

abgenervt

mit den Nerven völlig runter sein, „fertig" sein (vgl. → *mall*); vgl. auch → *abfackeln*, → *abgedreht*, → *abgegessen*, → *abklatschen*, → *abkupfern*, → *ablassen*, → *abnibbeln*, → *abpfeifen*, → *abschmieren*, → *abschweben* usw.; ursprünglich in der Emanzen- und Feministinnen-Szene beheimatet, wo man sich ob der → *schrillen Chauvi*-Tendenzen mancher männlicher → *Bajazzos besonders abgenervt* fühlte (bis heute fast ausschließlich bei weiblichen Jugendlichen anzutreffen); Bsp.: *Bei dem → Geblubber von dem Typen war ich spontan voll abgenervt.*

abgeschlafft

geschafft, müde, antriebslos, energielos, „fertig"/„kaputt" (bei Personen); leitet sich vom „Schlaffi" ab, einem (männlichen) Personentyp für ungewisse Stunden (vgl. → *upspaced*); Bsp.: *Du bist neuerdings voll abgeschlafft.*

abgeschliffen/Abgeschliffener

zurechtgebogen/zurechtgestutzt, Person ohne eigene Ideen/Vorstellungen/Wünsche; wenig schmeichelhaft für Personen, denen gesellschaftliche Zwänge alle „Ecken und Kanten" abgeschliffen haben (gelegentlich auch als Substantiv: *Abgeschliffener* = Befehlsempfänger); Bsp.: *Der abgeschliffene → Kragen kann mich mal.*

abgezopft

nicht (mehr) aktuell, alt, vergessen (vgl. etwa auch „abgenabelt"); abgeleitet vom „alten Zopf"; Bsp.: *Dein → hohles → Geblubber ist doch längst abgezopft.*

abgreifen

1. sich etwas nehmen, etwas mitnehmen; 2. etwas stehlen (vgl. → *greifen,* → *klaufen*); 3. in der Wendung *abgegriffen werden:* beim Stehlen ertappt werden, „eingelocht" werden; jugendsprachliche Anleihe aus der Zoologie (vgl. „Greifvogel", „Greiforgan" usw.) – und von daher despektierlich für die, die 4. als „Greifer" tätig sind; Bsp.: *Ich greif mir mal den Füller ab. Bei der Alten kannst du immer mal ein paar* → *Fliesen abgreifen. Laß dich bloß nicht abgreifen von der* → *Trachtengruppe!*

Abhebeparty

Fest mit Riesenstimmung, grandiose Feierlichkeit (vgl. auch → *abgehoben*); jugendsprachentypisches „Determinativ-Kompositum" – was den Sprechern allerdings nur schwer klar zu machen sein dürfte –, d. h. der zweite Teil („Party") wird durch den ersten Teil („Abhebe") bestimmt, hier in Richtung „Superlativ"; auch das krasse Gegenteil („negativer" Superlativ) ist im Umlauf (z. B. *Nervtöterparty, Laschi-Party*); Bsp.: *Das war voll die* → *granatenmäßige Abhebeparty.*

abjacken/abmanteln

„ablegen" – nämlich: die Jacke/den Mantel ausziehen; steht im Dienste der Sprachökonomie bzw. -bequemlichkeit (besonders beliebt bei älteren Schülern und den um Sprachökonomie bestrebten Studenten); Bsp.: *Willst du nicht abjakken? Mantel dich doch erst mal ab!*

abklatschen

schlägern, jemanden gewaltig auf dem Trottoir vermöbeln (vgl. → *frikassieren,* → *klatschen,* → *klopfen,* → *weichklopfen*); die Vokabel hat eine lange Geschichte: urspr. in der Bühnensprache („klatschen" = applaudieren; vgl. auch „beim Tanz abklatschen") beheimatet; nach 1945 vermehrt im Sportlerjargon – besonders beim Base- und Volleyball – belegt („den Ball abklatschen"); erst in der Jugendsprache der 90er Jahre kommt es zu einer Bedeutungsverschiebung in Richtung „Gewalttätigkeit“; Bsp.: *Wann klatschen wir mal wieder ein paar → Aussis ab?*

abkupfern

seit den 50er-Jahren ein Dauerbrenner, neuerdings wieder verstärkt: 1. allgemein: etwas nachmachen, etwas oder jemanden zu kopieren versuchen; 2. Schülerjargon: abschreiben, „spicken“; laut Küppers ‚Wörterbuch der deutschen Umgangssprache‘ von der Arbeit des Schmids herzuleiten, der das Kupfer in Formen gießt und von einem Muster mehrere Exemplare herstellt, also „ab-kupfert“; aufgrund der augenfälligen Nähe zur Umgangssprache bei neuerungswilligen → *Baby-Kids* mittlerweile leicht rückläufig; Bsp.: *Laß mich doch mal → rasanto den Satz abkupfern.*

ablassen

1. sich ärgern, seinem Ärger Luft machen; 2. etwas sagen, sich äußern; vgl. → *abmüllen,* → *rauslassen;* ebenfalls so eine Art Klassiker seit den siebziger Jahren und nach wie vor besonders bei älteren Schülern und Studenten beliebt, die bekanntlich manchmal Dampf *ablassen* müssen; Bsp.: *Der läßt heute wieder mal nur → beschlabberte Müllsprüche ab. Laß doch zur Abwechslung mal wieder was Vernünftiges ab!*

abmüllen

(geistigen) „Müll“ abladen, seinen gedanklichen „Abfall“ loswerden (wollen) (vgl. auch → *Müllologe*; → *ablassen*); prägnant die Verbalisierung des Substantivs „Müll“ (ähnlich wie → *abjacken,* → *abkupfern*); Bsp.: *Wieso mußt du ausgerechnet immer bei mir abmüllen?*

abnibbeln (norddtsch./ostdtsch.)

engl. „to nibble“ = 1. benagen, anknabbern, (vorsichtig) anbeißen (Fische am Köder), lustlos im Essen herumstochern; 2. jemanden tadeln, bekritteln, besserwisserisch auftreten; jugendsprachlich: sterben, den *Löffel* abgeben, einen *Abgang machen*; seit Mike Krügers Gassenhauer ‚Sie müssen nur den Nippel durch die Lasche ziehen!' (1975) in aller Munde (nur schwach rückläufig!); in der Techniker-Fachsprache ist der „Nibbel" übrigens ein Gerät zum Schneiden und Stanzen von Blech und Kunststoffen (= jugendsprachliche Bedeutungsübertragung: Wird das Leben „ausgehaucht", hat es sich *ausgenibbelt* bzw. man ist *abgenibbelt*); schwerpunktmäßig in Nord- und Ostdeutschland; Bsp.: *Der Uli ist gestern bei einem Unfall abgenibbelt.*

abpfeifen

jugendsprachliche Bedeutungsveränderung: (schnell) weglaufen, sich aus dem Staub machen; vgl. → *abschmieren,* → *abschweben,* → *abzittern,* → *davonspritzen,* → *wegschalten (sich),* → *verfratzen (sich), verzupfen (sich);* umgangssprachlich vor allem aus der Sportlersprache bekannt (der Schiedsrichter „pfeift" ein Spiel „ab"): Nach dem Abpfiff des schwarzen → *Nullcheckers pfeifen* die Fans mit → *Achokaracho* in die nächste Kneipe ab; Bsp.: *Pfeif ab, aber* → *rasanto! Da sind wir vielleicht abgepfiffen, als die* → *Trachtengruppe angerollt kam.*

abschmieren

1. (schnell) weglaufen, sich aus dem Staub machen, fliehen; vgl. → *abschweben,* → *abzittern,* → *davonspritzen,* → *verfratzen (sich),* → *verzupfen (sich),* → *wegschalten (sich); Biege, Fliege, Abflug;* 2. sterben; laut Hans Ostwalds ‚Rinnsteinsprachen-Lexikon' (Berlin, 1906) wird die Assoziation über das Schmierestehen (= „Wache halten") aus der Gauner- und Vagantensprache verständlich; jugendsprachlich oft durch (bisweilen nachgestellte) Steigerungspartikeln verstärkt; Bsp.: *Laß uns schnell abschmieren, bevor die Blaumänner* → *anpesen! Abschmieren, aber* → *rapido! Du willst doch jetzt nicht abschmieren?*

abschmirgeln (ostdtsch.)

jemanden schlagen, herumschlägern; vgl. → *abklatschen,* → *klatschen,* → *klopfen,* → *weichklopfen;* das aus dem Handwerkerjargon stammende Wort („schmirgeln" = Holz oder Metall abschleifen) wird – vornehmlich in der rechten bzw. rechtsextremen Jugendszene – in Richtung Gewalttätigkeit umgedeutet; speziell in *Ossiland;* Bsp.: *Dem* → *Krawattendjango schmirgeln wir voll* → *schrill die* → *Birne ab.*

abschweben

weglaufen, sich – mehr oder weniger elegant – aus dem Staub machen; vgl. → *abschmieren,* → *abzittern,* → *verfratzen (sich),* → *verzupfen (sich),* → *wegschalten (sich);* jugendsprachliche Anleihe aus dem Fliegerjargon (das Flugzeug „schwebt ab"); Bsp.: *Schweb ab,* → *Ösi, aber flott!*

Absitzarsch

unsympathische (ältere), meist männliche Person, die Probleme und Schwierigkeiten dadurch zu „lösen" pflegt, daß sie diese aussitzt – sehr treffend auch *Helmut-Kohl-Syndrom* bzw. (nach Stefan Raabs Mega-Hit) ‚Bördi-Vougdz-Sümbdom' genannt; auffällig die „pars pro toto" (= das gewisse Körperteil steht nicht nur optisch stellvertretend für die ganze Person); Bsp.: *Für mich sind diese ätzenden* → *Polit-Popper echt voll widerliche Absitzärsche!*

absteppen

tanzen; leitet sich vom Stepptanz ab, bei dem der Rhythmus durch das Klappern der Schuhe gemacht wird; die jugendsprachliche Präfigierung („ab-") bewirkt eine Verstärkung; hauptsächlich in der Musikszene und bei → *up(ge)spaceden* Urlauber-*Jungtieren,* aber auch unter *Normalo-Bonsais* anzutreffen; Bsp.: *Steppen wir heute nacht wieder alle* → *Pisten ab?*

abzittern

meist in der Wendung *sich einen abzittern:* 1. frieren, frösteln; 2. Angst haben, sich fürchten; 3. sich aus dem Staub machen, schnell wegrennen (vgl. → *wegzittern,* → *abschmieren,* → *abschweben,* → *abzittern,* → *davonspritzen, sich wegschalten*). Anleihe aus der Comic-Sprache, von Donald Duck bzw. den Panzerknackern mittlerweile sogar auch schon in die Umgangssprache aufgestiegen; Bsp.: *Du zitterst dir hier ganz schön einen ab. Als die Bullen kamen, haben wir uns ganz schön einen* → *Zacken abgezittert. Los, zitter ab!*

Achokaracho

(besonders) schnell, flink wie der Wind, mit großem Schwung; vgl. → *rapido,* → *rasanto;* verleiht dem bekannten *Karacho* zusätzlichen verbalen Glanz, und zwar vorwiegend bei 13–18jährigen → *Abgebrochenen,* die ihren Geschwindigkeitsrausch (vorläufig) noch mit dem Rennrad, dem Mofa oder Moped befriedigen müssen; nimmt bei älteren Jugendlichen, etwa bei Motorrad- oder Autofreaks, entgegengesetzt proportional zur PS-Zahl der Fahrzeuge ab; Bsp.: *Als die* → *Trachtengruppe* → *angegurkt kam, sind wir mit Achokaracho abgeschwirrt.*

Acid

urspr. engl. 1. Bezeichnung für halluzinogene Rauschmittel, speziell für LSD; 2. (Frucht-)Bonbons; in der Jugendsprache phonologische und graphematische Übernahme, freilich mit Bedeutungserweiterung: 1. als Adjektiv („acid"): toll, phantastisch; 2. Bezeichnung für eine neue Musikrichtung; 3. als Substantiv: Schnaps, „harte" Alkoholika; 4. Drogen, Rauschmittel, *Speed, Stoff;* klingt ganz anständig, meint aber nur selten illegale „Hardcore"-Suchtgifte, sondern eher euphorisierende oder aufputschende Mittel (z. B. Ephedrin, Codein); seit den 90er Jahren → *hip,* vor allem in den Großstädten, wo man mehr Zugriff auf Rauschmittel hat als in der → *Walachei*; Bsp.: *Cola mit Acid, Acid-Jazz, Acid-Techno, Acid-Pille.*

alken

heftig saufen, sich (hemmungslos) betrinken, sich total mit Alkohol zuschütten; jugendsprachlicher Neologismus mit recht abenteuerlicher Wortbildung: „alk“ (= Hauptmorphem von „Alkohol“) plus die neutrale verbale Endung „-en“ (= De-Substantivierung); Bsp.: *Gehen wir ’ne Runde alken?*

Allotria

altgriech. „allotria“ = Unfug, Spaß, Unsinn; in der Jugendsprache: 1. Unfug, Blödsinn, Klamauk; 2. Schlägerei, → *Aufguß,* → *Klopfkonzert;* vor einigen Jahren ging dabei noch der Punk ab, aber mittlerweile nimmt man das sprachlich etwas fröhlicher; Bsp.: *Ihr braucht wohl mal wieder eine Ladung Allotria,* → *wa?*

anblöken

jemanden dumm ansprechen, blöd *anmachen;* vom (manchmal nervtötenden) Blöken oder Schafe abgeleiteter jugendsprachlicher Neologismus, der als verbale Notwehr vor allem bei 13–18jährigen → *Kurzen* beliebt ist; vgl. → *blöken;* Bsp.: *Blök mich hier bloß nicht an, du* → *Ösi!*

ankern/den Anker werfen

heiraten, sich das „Ja-Wort“ geben; jugendsprachliche Bedeutungsverschiebung: laut Küppers ‚Wörterbuch des Bundeswehrjargons‘ (signifikanter Untertitel: ‚Von ABC-Komikern und Zwitschergemüse‘!) war die aus der Seemannssprache stammende Vokabel „ankern“ (= das Schiff festmachen) bereits in den 70er Jahren bei Soldaten „in“; nach einem gewissen Einbruch in den 80ern mittlerweile wieder voll → *trendy* – natürlich in abwertender Konnotation, selten bewundernd; Bsp.: *Hast du echt vor, demnächst zu ankern? Der Uli wirft demnächst den Anker. So schnell habe ich nicht vor zu ankern!*

anmeiern

jemanden dumm anreden, blöd anquatschen, spießig herumreden, → *anblöken;* der Name „Meier“ steht dabei – wie kommt es bloß? – für Durchschnittlichkeit und Spießigkeit;

Bsp.: *Von dem Dünnbrettbohrer laß ich mich doch nicht anmeiern.*

(sich) anöden

als Phänomen wie als Wort schon ziemlich weit verbreitet: (sich) langweilen, Löcher in die Luft stieren (von der „Einöde“ abgeleitet), das eigenwillige Wortbildungsmuster spiegelt die krisenhafte Erfahrung: Adjektiv („öde“) mit Präfigierung („an-“) plus Verbal-Endung („-(e)n“); mittlerweile durch die Medien bzw. die Werbeindustrie auch umgangssprachlich hoffähig gemacht; Bsp.: *Das → Geblubber ödet doch total an.*

anpesen

vgl. lat. „pes“ = Fuß, Bein, Fessel; in der Jugendsprache: 1. schnell (hinzu)laufen, herbeieilen; 2. jemanden laut zusammenbrüllen, laut (an)schreien; sprachgeschichtlich interessante Wortneubildung durch Prä- („an-“) bzw. Suffigierung („-en“) des altlateinischen Legionär-Substantivs „pes“ (vgl. diverse Asterix-Hefte); anfangs vor allem im Soldatenjargon gebräuchlich (vgl. Küppers ‚Wörterbuch des Bundeswehrjargons‘), via Wehrpflicht bzw. über ältere Brüder mittlerweile auch bei → *Kurzen* bzw. → *Baby-Kids* → *hip,* die sich (nicht nur) vom → *Lernfossil anpesen* lassen müssen; Bsp.: *Der Alte hat mich voll angepest. Die kamen superschnell angepest.*

Ansage

jugendsprachliche Dramatisierung eines verbreiteten Kommunikationsrituals: Äußerung/Stellungnahme, die in puncto Deutlichkeit bzw. Klarheit nichts zu wünschen übrig läßt; eindeutige Meinung, evtl. mit weitreichenden Konsequenzen für den Kommunikationspartner; vom Bühnen- bzw. Theaterjargon abgeleitet: auf eine „Ansage“ folgt bei den Jugendlichen aber meist keine klassische Show, sondern bloß eine „Diskussion“ o. ä.; Bsp.: *Mach jetzt eine klare Ansage: ich will wissen, was geht. Klare Ansage, was ist Sache?*

anschleifen

1. etwas oder jemanden heranschleppen, etwas herbeischleppen, sich etwas beschaffen; 2. sich (selbst) mühsam anschleppen; jugendsprachliche Anleihe aus dem Handwerkerjargon, wo bekanntlich ganz ordentlich geschliffen wird; hauptsächlich von gestreßten Azubis, aber auch von konditionsschwachen Disco-Freaks gebraucht, die sich Nacht für Nacht zur → *Piste (an)schleifen;* mittlerweile umgangssprachlich adaptiert; Bsp.: *Was für einen → Faxenheini schleifst du denn da an? Schleif doch mal die → Fliesen an!*

anschwallen/vollschwallen

1. jemanden bequatschen, belabern; 2. jemanden schikanieren, dumm anreden; 3. blöd anmachen, jemanden pikieren; zugrunde liegt der „(Rede-)Schwall" (jugendsprachlich verbalisiert, präfigiert und semantisch erweitert/verfeinert!); vor allem bei → *abgenervten* → *Zierfischen* beliebt, die sich regelmäßig von ihren Pseudo-Kavalieren anschwallen lassen (müssen); Bsp.: *Willst du mich hier anschwallen oder was? Ich laß mich doch von dem → schrillen Macho nicht anschwallen. Schwall mich nicht voll, ja!*

anspitzen/bespitzen/zuspitzen

1. jemanden bequatschen, jemandem durch dauerndes Gerede auf den → *Zeiger* gehen; vgl. → *anschwallen;* 2. jemanden anbetteln, (um Geld oder Eßbares) „anschnorren"; 3. jemanden auf den Arm nehmen, sich einen Scherz (der harmlosen Art) erlauben; jugendsprachliche Variante der umgangssprachlichen Formel „auf die Spitze treiben"; Bsp.: *Der Alte dort spitzt mich jetzt schon stundenlang an. Vielleicht kann ich meine Kohlebeschaffer noch mal bespitzen. Der Patrick läßt sich leicht zuspitzen.*

Antenne

1. männliches Geschlechtsteil (vgl. → *Pfeife,* → *Rübe,* → *Rüssel);* 2. Grips, Gehirn; die jugendsprachliche Bedeu-

tungsveränderung trägt der Tatsache angemessen Rechnung, daß nicht wenige Kerle im wesentlichen mit ihrer Antenne denken. Was sie dabei empfangen, sei dahingestellt; vor allem bei männlichen → *Techno-Freaks* beliebte Vokabel (sic!); Bsp.: *Der Udo muß auch immer gleich seine Antenne ausfahren. Schalt doch mal deine Antenne ein!*

Arie

1. Quatsch, Unsinn; 2. Gerede; vgl. → *Blubber-Blubber*, → *Geblubber*; Anleihe aus der Musik- bzw. Bühnensprache; wird umso leichter angewendet, je weniger die 13–18jährigen → *Abgebrochenen* über die Oper wissen; jugendsprachlicher „Dauerbrenner" seit den späten 60ern; Bsp.: *Laß doch keine Arien → ab! Hör auf mit deiner Geld-Arie! Was soll die Jammer-Arie?*

Assi

1. mittellose Person, Asozialer (im Sinne von arm); 2. Ausbeuter, Gauner; 3. Assistent, Mitarbeiter; die ökonomische Endsilbe „-i" trägt dem jugendsprachlichen Hang zur Sprachbequemlichkeit bzw. -faulheit Rechnung; geht umso lockerer über die Lippen, je weniger man darüber nachdenken muß; Bsp.: *Mit solchen Assis wollen wir nichts am Hut haben. Die → Polit-Popper sind doch die eigentlichen Assis. Seit der Udo Assi an der Uni ist, geht der mir nur noch auf den → Zeiger.*

asten (ostdtsch.)

1. rasen, schnell fahren; 2. arbeiten (vgl. → *keulen*, → *wörken*); jugendsprachliches De-Substantivum („Ast" = Teil eines Baumes); wie es zu der Assoziation „schnell fahren" kommt, stellt den professionellen *Sprachfuzzi* vor ein unlösbares Rätsel und sollte wohl am Besten als Beweis der Vitalität der Jugendsprache akzeptiert werden; manchmal auch wieder substantivisch aufgerüstet zu „Geaste"; Bsp.: *Asten wir mal wieder durch die → Savanne? War das wieder ein → beschlabbertes Geaste diese Woche!*

Aufguß

heftige Prügelei, Schlägerei mit mehreren Beteiligten; → *Allotria,* → *Klopfkonzert;* die semantischen Assoziationen vom herkömmlichen „Tee-Aufguß" bzw. „Sauna-Aufguß" bis hin zum jugendsprachlichen „Spezial"-*Aufguß* tragen dem nur unzulänglich Rechnung. Bsp.: *Hat euch der Aufguß von neulich noch nicht gereicht?*

ausrasten

ausflippen, (buchstäblich) außer Kontrolle geraten, „neben sich" stehen; gewiß nicht aus der Sprache von Bergsteigern und Flachlandwandervögeln entlehnt („rasten" = eine Ruhepause einlegen), eher aus dem Jargon all derjenigen, die mit Getriebeschäden zu tun haben; Bedeutungsveränderung, bei der die Semantik außer Kontrolle geraten ist (teilweise umgangssprachlich); vgl. → *austickern, ausflippen;* Bsp.: *Ich könnte jedesmal ausrasten, wenn ich den* → *Klops nur sehe.*

Aussi (ostdtsch.)

despektierlich: *Aussiedler, Ausländer; Aussi-Bude:* Ausländerheim, Aussiedlerwohnheim, *Asylanten*unterkunft, Containerbehausung; vor allem bei sozial benachteiligten und rechtsradikalen → *Dusseltieren* anzutreffen, speziell in *Ossiland,* und aus den sattsam bekannten Gründen; Bsp.: *Machst du mit, die Aussi-Bude* → *abfackeln? Die von der Aussi-Bude könnten mal wieder einen* → *Aufguß vertragen.*

austakten

1. jemanden austricksen, gewaltig übers Ohr hauen; wörtl. jemanden „aus dem Takt" werfen (= Musikersprache); 2. (selbst) → *ausrasten,* sich nicht mehr kennen; Bsp.: *Den* → *Schnieki haben wir aber voll ausgetaktet!*

austickern (norddtsch.)

1. (schnell) die Beherrschung verlieren; 2. wütend/ärgerlich sein (oder werden), 3. begeistert/außer sich sein, sich außer

Rand und Band gebärden (vgl. → *ausrasten*); beruht auf einem „Tick“ (= Schrulle, Fimmel, wunderliche Eigenart); nicht zu verwechseln mit „eine Sache *ticken*“! Bsp.: *Mußt du immer sofort austickern? Also ich ticker jetzt aber langsam aus hier! Deine → Quatsche ist ja echt zum Austickern!*

B

Baby-Kids

Schülerjargon: nicht etwa – wie anzunehmen – ganz kleine Kinder, sondern die etwas herablassende Bezeichnung älterer Schüler für jüngere; manchmal als Koseform, selten erheblich aggressiv und zuweilen voller Verwunderung über die unreifen Selbstdarstellungsweisen der Nachgeborenen (vgl. → *Kurzer*, → *Bonsai*, → *Jung-Gemüse*); Bsp.: *Die Baby-Kids haben heutzutage eine ganz schön große → Klapper. Die Baby-Kids hier auf der → Piste gehen mir voll auf den → Zeiger.*

Bach

fast ausschließlich in der Wendung den *Bach/Fluß* runtergehen/runterspülen *in den Bach/Fluß werfen:* inzwischen in folgenden Bedeutungen: 1. etwas absichtlich vergessen; 2. etwas oder jemanden bewußt vernachlässigen; 3. etwas absichtlich verschwinden lassen, verstecken. Beim River of no return mit Marilyn Monroe war das noch tragisch. Mittlerweile sieht man es abgeklärter: Bsp.: *Das mußt du halt den Bach/Fluß runterspülen. Du spülst mich seit Wochen den Bach/Fluß runter. Die abgegriffene Karre müssen wir für ein paar Tage den Bach runterspülen.*

Bajazzo

ital. „Possenreißer“; in der Jugendsprache: Spaßvogel, Witzeerzähler (mit gelegentlichen Macho-Allüren), → *Gecko*. Titel einer weltbekannten „Opera buffa“ des modernen italienischen Komponisten Ruggiero Leoncavallo (1857–1919); seither der „Pausenclown“ der „besseren“ Studentenkreise (mittlerweile gibt es sogar einige Jugendlokale mit dem vielsagenden Namen *Bajazzo*); Bsp.: *Mußt du eigentlich immer den Bajazzo spielen? Du bist echt ein voll → schriller Bajazzo!*

bedröhnt

1. betrunken, bekifft; → *beschickert;* 2. verrückt; vgl. → *dröhnen,* → *Gedröhne;* den „dröhnenden“ Schädel kennt jeder, das ausschweifende *Alk-Fest* anscheinend nur die Jugendlichen; also muß auch die Nachwirkung anders benannt werden als *Dröhnung;* geht möglicherweise auf Udo Lindenbergs *Fossilscheibe* „Dröhnland-Symphonie“ zurück; Bsp.: *Sind denn hier alle bedröhnt? Ich bin doch nicht bedröhnt! Bist du bedröhnt oder → wa?*

bekoffern

1. jemanden anpumpen, um einen → *Lappen* anhauen; 2. jemanden dumm anreden, „anmachen“; schleierhafter jugendsprachlicher Neologismus, sachdienliche Hinweise nimmt der Autor entgegen; vielleicht spielt der Beute-Koffer eine Rolle, in dem die Filmganoven immer ihre Dollarbündel transportieren? Bsp.: *Bekoffer doch mal den → Skeletti dort drüben! Der bekoffert mich ständig mit seinem → Gedröhne.*

beleuchtet

klug, schlau, intelligent; vgl. → *intellell;* jugendsprachliche Metapher: mit angeknipster → *Lampe* steht man voll im Licht, kurz und gut: man ist gut *beleuchtet* und strahlt auch selbst ein bißchen; Bsp.: *Der Neue ist echt → grell beleuchtet.*

belöffeln

1. jemanden bequatschen, vollquatschen; 2. Geld schnorren, betteln; 3. jemanden dumm anreden; von den „Löffeln“ (= Ohren der Hasen) abgeleitet, die eben auch nur eine

bestimmte Aufnahmekapazität haben; Bsp.: *Mußt du mich ständig belöffeln? Willst du mich belöffeln, hä? Belöffel mich nicht,* → *Dandy!*

bemoost

1. sehr reich, betucht; 2. betagt, alt, „klapprig"; bereits in den studentensprachlichen Wörterbüchern von Christoph Friedrich Bernhard Augustin (1795) und John Meier (1894) belegt; neuerdings vermehrt bei älteren Jugendlichen (ab 16 Jahren) beliebt, bei Junggebliebenen hingegen nicht, denn sie fallen schon unter 2; etymologisch abgeleitet von jiddisch „Moos" (= Geld); Bsp.: *Die* → *Schicki-Schnösel sind voll bemoost. Was ist denn das für ein bemooster* → *Schnieki?*

beölen (ostdtsch./norddtsch.)

1. in der Wendung *jemanden beölen:* jemanden necken, an der Nase herumführen, zum Narren halten; 2. in der Wendung *sich selbst beölen:* lauthals lachen, sich selbst nicht ganz für voll nehmen; der Wortkern „Öl" wurde prä- („be-") und suffigiert („-en"). Das ist ihm nicht gut bekommen: Mit der ursprünglichen Bedeutung („Öl" = glitschiges Schmiermittel") hat das Wort kaum mehr etwas zu tun, außer daß man auf Öl ausrutschen kann und damit zur Lachnummer für andere wird (siehe Bedeutung 2); Bsp.: *Willst du mich beölen? Ich beöle mich. Das Lied ist echt zum Beölen.*

beschickert (ostdtsch./norddtsch.)

betrunken; vgl. → *bedröhnt,* → *durchgeknallt,* → *Schicker;* vor allem bei norddeutschen und ostdeutschen jugendlichen *Alk*-Kumpels trotz der Nähe zur Umgangssprache sehr beliebt – denn der Suff macht demokratisch; Bsp.: *Ich bin doch nicht beschickert, hicks! Wer von euch Suffköpfen behauptet hier, daß ich beschickert bin, hä?*

beschlabbert

Schülerjargon: bescheuert, doof, dümmlich, geistig beschränkt, schusselig; vor allem bei ganz jungen → *Bonsais* gebräuchlich (ab zehn Jahren), die noch gelegentlich „schlabbern“ (= schlürfend essen oder trinken); Bsp.: *Hältst du mich für beschlabbert? Ich bin doch nicht beschlabbert.*

beschnarchen

1. etwas (sehr gut) überlegen, man muß dabei nicht unbedingt eine Nacht drüber schlafen; 2. jemanden bedrängen, jemanden ständig bequatschen (so daß dieser in Tiefschlaf verfällt; 3. jemanden um eine → *Fliese* anpumpen; die eigentliche Bedeutung von „schnarchen“ ist bei 3. nicht mehr erkennbar; Bsp.: *Das muß ich erst noch mal eben kurz beschnarchen. Hör auf, mich zu beschnarchen! Willst mich wohl beschnarchen,* → *wa?*

beträpst (norddtsch./ostdtsch.)

vertrottelt, dümmlich, mit wenig Grips ausgestattet (vgl. → *beschlabbert,* → *verdodelt*); jugendsprachlicher Neologismus, vor allem bei nord- und ostdeutschen → *Jungtieren* beliebt; mittlerweile beinahe inflationär, zum Teil auch schon umgangssprachlich (SAT-Sportmoderator Jörg Wontorra: „Da guckt der Effenberg wieder mal sehr betröpst aus der Wäsche“); Bsp.: *Bist wohl betröpst,* → *wa? Ich bin doch nicht betröpst, Alter!*

Birne

nicht der Bundeskanzler, sondern der Kopf im allgemeinen; vgl. → *Kürbis, Melone, Pfirsich;* oft in der Wendung *an die Birne pinkeln:* jemanden ärgern, auf den Arm nehmen, → *grell* auf den → *Zeiger* gehen; die Bedeutungsveränderung vom vitaminreichen Obst hin zum menschlichen *Denk-Teil* läßt sich vielleicht über die ovale Form des letzteren einigermaßen nachvollziehen – wenn nicht, dann mag das ein Hinweis darauf sein, daß beide nur selten wirklich zum Denken zu gebrauchen sind; mittlerweile über die Medien auch umgangssprachlich adaptiert; Bsp.: *Du bist wohl leicht* → *matschig/*→ *hohl in der Birne. Willst du mir an die Birne pinkeln oder was?*

Birnenmus

1. eingeschlagener Schädel; 2. selten: Grips, Intelligenz, geistige Ausdauer; Bsp.: *Den → Schwindligen haben wir zu Birnenmus verarbeitet. Willst du eine Portion Birnenmus oder was? So viel Birnenmus auf einen Haufen, alle Achtung!*

Blasrohr

meint nur selten das (bei Schülern immer noch beliebte) „Blasröhrchen", sondern eher das nützliche aufblasbare Gummi-„Röhrchen" (= „Kondom, Präservativ"); wer dabei lacht, hat mehr davon, sagt sich halt die Jugend (vgl. → *Luftballon*, → *Plastiktüte*, → *Zipfelmütze*); Bsp.: *Ich zieh mir bloß mal eben → rasanto ein Blasrohr rüber. Ohne Blasrohr keine Blasmusik.*

Blassack

nicht etwa eine Art Blasebalg, sondern flapsige Bezeichnung für Blasmusikinstrumente aller Art (außer → *Blasrohr*, s. o.!), z. B. Saxophon, Flöte, Klarinette, Trompete, Tuba (vgl. → *Winseltasche*); Spontan-Wortbildung, wobei der „Sack" als Variable X für jede Art von Klangkörper steht; Bsp.: *Leg mal eine geile Nummer auf die → Piste mit deinem Blassack! Nimm doch mal den dämlichen Blassack von meinen → Flossen weg!*

Blatt

1. in der Wendung *ein Blatt raushaben:* verrückt sein, spinnen, nicht richtig *ticken, ein Loch auf dem Dock haben;* 2. in der Formel *ein Blatt vor der → Birne haben:* begriffsstutzig/„vernagelt" sein, eine „lange Leitung" haben, schwer von Begriff sein; Bsp.: *Du hast wohl ein Blatt raus? Hast du heute ein Blatt vor der → Birne?*

Blindfuchs

1. frotzelnd: Soldat, Rekrut, Bundeswehrler in der Grundausbildung; 2. abwertend: Person mit wenig Durchblick/

mit einem → *Blatt vor der* → *Birne* (vgl. → *Bodenturner,* → *Denkzwerg,* → *Dünnbrettbohrer,* → *Nullchecker,* → *Flachkopf*); laut Küpper eine jugendsprachliche Anleihe aus dem Soldatenjargon des Ersten Weltkrieges; damals wertneutral, heute angemessen pejorativ; Bsp.: *Was will denn der Blindfuchs hier? Schwirr* → *ab, Blindfuchs!*

blöken

1. husten, hüsteln; 2. sich übergeben, etwas ausspeien; 3. dumm daherreden, *Dünnschiß labern* (vgl. → *anblöken,* → *quarken,* → *opern*); semantisch meist nur aus dem Kontext entschlüsselbar; gelegentlich auch in der substantivierten Form (das *Geblöke*) anzutreffen; in Bedeutung 3 vor allem von Jung-Chauvis gegenüber weiblichen → *Plötzen* gebraucht; Bsp.: *Die Ursula blökt jetzt schon drei Wochen wie ein Schaf. Heute nacht mußte ich mehrmals blöken. Was blökst du mich an? Was soll das* → *beschlabberte Geblöke?*

Blubber-blubber/blubbern

Erklärt sich eigentlich selbst: Bla-Bla, Geschwätz, unsinniges *Rumgelaber* (vgl. dagegen Berlinerisch „Blubber“ = Wasserwaage!); vor allem abschätzig von Jungen gegenüber redseligen weiblichen → *Zierfischen* verwendet, aber auch gegenüber Lehrerinnen, deren → *Geblubber* sie nicht *löffeln* mögen; häufig in der verbalisierten Form *blubbern* (abgeleitet von den „blubbernden“ Luftblasen beim Tauchen); Bsp.: *Bei den Tussis ist heute wieder mal nur Blubber-blubber angesagt. Was blubberst du denn heute wieder für Müllsprüche?*

Bodenturner

abwertend: begriffsstutzige Person, „Blitzmerker“; Person, deren Intelligenz-Quotient keine Luftsprünge zuläßt (vgl. → *Denkzwerg,* → *Dünnbrettbohrer,* → *Flachkopf,* → *Nullchecker*); Anleihe aus der Sportsprache; Bsp.: *Mach hier nicht auf Bodenturner, ja! Bist du jetzt auch unter die Bodenturner gegangen?*

bohren

1. schnell fahren, rasen, → *rapido* unterwegs sein (vgl. → *asten*); 2. etwas begreifen; *checken, peilen;* aus dem Handwerkerjargon entlehnt und fachkundig umgedeutet („sich ins Gaspedal hinein-*bohren*"); vgl. → *Bohrkrücke,* → *Brett,* → *Dünnbrettbohrer;* Bsp.: *Wann bohrst du dich mal wieder nach Mallorca durch? Das → Geblubber bohrt doch kein Wildschwein.*

Bohrkrücke

abwertend: (sehr) langsames Auto; obgleich die Trabbi-Ära mittlerweile → *abgegessen* ist, kann sich längst nicht jeder einen *Luxus-Schlitten mit geilen Vordertitten* (= flotter Wagen mit doppelten Halogenscheinwerfern) leisten. Die logische Folge: Man → *bohrt* sich eben mit „Krücken" pneu à pneu vorwärts; Bsp.: *Was willst du denn mit dieser → abgeschlafften Bohrkrücke? Macht ihr hier eine Bohrkrücken-Rallye oder was?*

bombig

hervorragend, großartig, unübertrefflich, phantastisch; etwas, das wie eine Bombe einschlägt (vgl. → *granatenmäßig*); knalliger „Superlativ" der Jugendsprache seit den 60er-Jahren; vor allem bei den 12–16jährigen beliebt, die sowas noch besonders nötig haben; oft auch als Pleonasmus (= semantische Verdoppelung): *bombiger → Mega-Deal;* Bsp.: *Der → Aufguß geht voll bombig ab. Endlich mal ein bombiger → Mega-Deal.*

Bonsai

noch etwas, das wir den Japanern zu verdanken haben: kleingewachsener Junge, → *Abgebrochener,* → *Kurzer,* → *Junggemüse;* prägnante Bedeutungsverschiebung von der gleichnamigen japanischen Zwergbaumzierpflanze, die durch spezielle Pflege künstlich am Größerwerden gehindert wird, hin zu menschlichen *Bonsais,* die freilich möglichst → *rapido* wachsen wollen; Bsp.: *Wollt ihr hier eine Bonsai-Bande aufmachen? – Natürlich nicht.*

Brain-Food

engl. „brain“ = Gedächtnis, Kopf; „food“ = Nahrung, Essen; also wörtlich „Gedächtnis-Nahrung“. Jugendliche subsumieren darunter beinahe alles Eßbare, insbesondere aber Nahrungsmittel, die in irgendeiner Weise auf Gehirn und Bewußtsein einwirken, z. B. Kaffee, Tee, auch Vitamin- und Mineralstoffpräparate; auch „Lesefutter“ kann mitunter „Brain-Food“ sein; fast nur bei (Groß-)Stadtjugendlichen im Gebrauch, wohl wegen der „brain-trusts“, in denen manche Väter arbeiten; Bsp.: *Ich muß mir noch rasch eben eine Portion Brain-Food reinziehen.*

Breitbandnudel

„Fettwanst“, Mensch, der unter Rundungen leidet, signifikante Bedeutungsveränderung vom Lebens-Mittel hin zum Lebens-Leid; Bsp.: *Deine Tussi ist ja eine voll → schrille Breitbandnudel.*

Brett (dickes)

(großes) Problem, Schwierigkeit; dem → *Dünnbrettbohrer* gelingt es in der Regel nicht, sich durch ein *(dickes) Brett zu → bohren;* Bsp.: *Das ist echt ein Riesen-Brett! Bis jetzt hab ich mich noch durch jedes Brett durchgebohrt!*

Brilli

1. Brillant(ring); 2. abwertend: (verklemmter/verwöhnter) Jüngling mit Brille; das typische „-i“-Suffix sorgt dafür, daß man in beiden Fällen nicht viele Worte machen muß; Bsp.: *Ist das ein richtiger Brilli? Mann, den Brilli kannst du in der Pfeife rauchen!*

Bringer

substantivierte Form der umgangssprachlichen Wendung „das bringt es“: ein *Bringer* kann praktisch alles sein, was voll abgeht, gut aussieht und/oder → *trendy* ist; Bsp.: *Der → Brilli in deiner Hörmuschel ist der totale Bringer. Die Uschi ist ein voller Bringer.*

Brutuszwirn

lat. „Brutus" = der Dumme; jugendsprachliche Bezeichnung für einen noblen Anzug/feine Aufmachung/vornehme (Ball)Kleidung (für besonders feierliche Festivitäten); nach dem römischen Offiziers-Boß Brutus benannt, der sich einerseits mit seinen → *gegriffenen* → *Fliesen* durch so ziemlich alle → *Kohlenkeller* im alten Rom → *klunkerte,* andererseits aber als absoluter → *Denkzwerg* bekannt war (Er nahm an einer Verschwörung gegen Gaius Julius Caesar teil, nach deren Scheitern er sich selbst aus Angst vor Cäsars Rache vorsorglich den → *Bach,* will sagen, den Tiber, *runterspülte*); Bsp.: *Trägst du neuerdings auch schon so einen → beschlabberten Brutuszwirn?*

bügeln

1. jemanden (mit Worten oder Schlägen) traktieren, jemanden schlagen, schlägern; → *abklatschen,* → *klatschen,* → *klopfen,* → *weichklopfen;* 2. schnell fahren, rasen; → *asten,* → *bohren;* merke: wenn Eltern und Kinder bügeln, ist das noch lange nicht dasselbe; vgl. umgangssprachlich auch *abbügeln* (= unwirsch abfertigen); Bsp.: *Die → hohlen → Windeier bügeln wir windelweich. Bügeln wir mal wieder ein bißchen durch die → Savanne?*

bürsten

jemanden (sehr heftig) verprügeln; → *abklatschen,* → *bügeln,* → *klatschen,* → *weichklopfen;* oft mit bedrohlichen Präfixen: *ab-bürsten, nieder-bürsten, weg-bürsten, zu-bürsten, zusammen-bürsten;* die Haare werden dann meist so knapp über dem Scheitel *gebürstet,* daß in der Regel auch die → *Birne* etwas weich wird; Bsp.: *Hoffentlich bürsten sie uns nicht wieder zusammen!*

bunkern

1. etwas (oder jemanden) einsperren, wegschließen; 2. sparen, sich bereichern, hobby-/routinemäßig → *Fliesen* sammeln; 3. jemanden bzw. sich (selbst) gut verstecken; 4. sich etwas (gut) merken, in der → *Birne* speichern; jugendsprachliche Anleihe bzw. Bedeutungsveränderung aus dem Militärjargon („Bunker" = Schutzkeller); Bsp.: *Mach dir nicht ins → Hemd, ich hab alles gut gebunkert. → Fliesen bunkern ist voll → grell. Kannst du mich für ein paar Tage einbunkern/zwischenbunkern/wegbunkern?*

C

Cash

Geld, Zahlungsmittel (aus dem Englischen in Lautung und Schreibung übernommen); bei Großstadtjugendlichen manchmal in Verbindung mit anderen Substantiven, z. B. *Cash-Maschine* (= Geldautomat), *Cash-Mufti* (= Bankdirektor), *Cash-Promillologe* (= Polizist), *Cash-Puderant* (= Strichjunge) usw.; Bsp.: *Pump doch mal die Cash-Maschine an!*

Chaot/Dr. Chaos

altgriech. „chaos" = 1. als Substantiv: Leerraum, weiter Raum; 2. als Adjektiv: edel, gut; in der Jugendsprache: 1. bewundernd: unangepaßte, spontan denkende und handelnde Person; Person, die das Chaos scheinbar beherrscht (nach dem Motto „Nur Idioten halten Ordnung, ein Genie beherrscht das Chaos!") 2. abschätzig: schusselige, nervöse Person, die anderen damit auf den → *Zeiger* geht; unordentliche, extrem schlampige Person; seit den „Chaostagen" von Hannover (5. bis 7. August 1995) in aller Munde – vorher als „Chaos-Theorie" nicht so recht durchgedrungen; Bsp.: *Was will denn der Chaot hier? Schwirr → ab, du Chaot!*

Chippie

vgl. engl. „chip" = 1. Splitter, Span, Abfall; 2. Spielmarke (beim Roulette), Fahrschein/Fahrmarke (beim Auto-Scooter). In der Jugendsprache ist der *Chippie* ein (Anfänger-) *Drogi* (die Assoziation gelingt, oder auch nicht – sie läuft jedenfalls über den Autoscooter-Chip, den man erst in den Schlitz „einwerfen" muß, damit es *ordentlich abgeht;* analog dazu müssen *Chippies* etwas in die → *Freßleiste* „einwerfen", um „in Fahrt" zu kommen); Bsp.: *Die Chippies sind schon echt coole Jungs! Heute Chippie, morgen Junkie!*

Compi-Freak

liebevolle Bezeichnung für einen (männlichen) Computer-Fan; alternativ tauchen auch Abwandlungen wie *Atari-Freak* oder *Apple-Junkie* auf; Bsp.: *Vielleicht können dir die Compi-Freaks was Geiles tun!*

Cop-Terrier

(abgerichteter) Polizeihund, Suchhund, Rauschgifthund (vgl. engl. „cop" = Polizist); Bsp.: *Vor den Cop-Terriern hab ich einen → schrillen Horror.*

Cotton Eye Joe

abwertende Bezeichnung für eine dümmliche Person; vgl. → *Bodenturner,* → *Denkzwerg,* → *Dünnbrettbohrer,* →*Nullchecker;* benannt nach dem gleichnamigen „Chart"-Breaker der Cowboy-Formation ‚Rednex', der 1995 monatelang auf allen amerikanischen und europäischen Radiosendern lief; vor allem bei den hitparadenhörigen → *Baby-Kids* beliebt; Bsp.: *Du siehst genauso → beschlabbert aus wie Cotton Eye Joe.*

crashen

engl. „to crash" = krachen, knallen; Jugendsprache: zusammenprallen, einen Unfall bauen, verunglücken; *Crash-Kids* sind potentielle Selbstmörder, die mit dem Auto um die Wette → *dröhnen* und dabei aus Langeweile gezielt → *cra-*

shen (= neue Sport-Disziplin in *Ossiland*, bei der nicht selten auch Personen zu Schaden kommen); Bsp.: *Mann, die sind vielleicht gecrasht!*

crunchen

engl. „crunch“ = 1. Druck, Klemme; 2. kritischer Moment, schwierige Situation, Krise; in der Jugendsprache: 1. jemanden heftig in die Enge treiben; 2. jemanden (wie eine Zitrone) ausquetschen; 3. jemanden zusammenschlagen. Anleihe aus dem Boxerjargon, wo man den Kontrahenten in eine Ecke zu *crunchen* versucht; der → *Crunchy* ist eine (meist stämmige männliche) Person, die die „Kunst“ des *Crunchens* perfekt beherrscht; Bsp.: *Im Bus haben sie mich heute wieder voll gecruncht.*

Crusty

teils bewundernd, teils despektierlich: grober Mensch, Rohling, Person ohne Manieren, „Clochard“; laut ‚Trendwörterlexikon‘ von Matthias Horx eine „Bezeichnung für Menschen, die man als eine Mischung von Penner (vom Geruch her), Punk (von der Einstellung her) und Hippie (von der Frisur her) beschreiben könnte“. *Crusties* pflegen in ungewaschenen Army-Klamotten und mit Seesäcken zu „flanieren“ (vgl. engl. „Crusty“ = roh, grob); Bsp.: *Hast du den Crusty gesehen?*

D

dackeln

1. sich (fast provozierend) langsam bzw. gemächlich fortbewegen, gemütlich schlendern; 2. „schleimen“, katzbukkeln; zumindest in der ersten Bedeutung eindeutig diskriminierend gegenüber den kleinen krummbeinigen Kläffern; vgl. → *gurken*; Bsp.: *Du dackelst heute wieder rum wie ein → Crusty. Der → Dösi dackelt sich bei den → Polit-Poppern an.*

dammeln (norddtsch.)

faulenzen, herumlümmern (vgl. → *flezen*); vermutlich von „gammeln" abgeleitet; vor allem im Berliner Raum, aber auch in anderen norddeutschen Sprachregionen anzutreffen; Bsp.: *Dammel doch nicht die ganze Zeit rum!*

Dancefloor

engl. eigentlich „Tanzfläche/Tanzboden"; in der Jugendsprache Bezeichnung für jede Art *cooler* Popmusik der späten 80er und 90er Jahre, die zum *Abhotten* animiert, also beispielsweise gesampelte Reggae-Rhythmen, → *Acid*-Jazz, Hip/Hop-Beat o. ä.

Dandy

meist abwertend, selten bewundernd: Modefritze, Modenarr, „Stutzer", herausgeputztes Muttersöhnchen; allgemein: Bezeichnung für (männliche) Personen, die sich übertrieben modisch kleiden; vgl. → *Gecko;* der Dandyismus war in der Mitte des 18. Jahrhunderts in England und später auch in Frankreich eine soziologisch-gesellschaftliche Erscheinung, für dessen Lebensstil Exklusivität bzw. Extravaganz zur bewußten Unterscheidung von der Masse typisch war; Bsp.: *Der Dandy kann gleich wieder → abzittern. → Verfratz dich, Dandy, aber → rapido.*

daneben/das Danebene

neben der Norm liegend, abnormal, aus der Reihe fallend; meist durch Steigerungspartikel (→ *grell,* → *schrill* usw.) verstärkt; quer durch alle jugendlichen Altersstrukturen beliebt, weil Jugendliche bekanntlich ganz gerne mal „danebenstehen" (auch in der substantivierten Form *das Danebene* gebräuchlich); Bsp.: *Du stehst wieder mal → schrill daneben. Ich fahr mehr auf das Danebene ab.*

Date

engl. 1. Datum, Zeitangabe, Tag; 2. Zeitraum, Treffpunkt, Termin; Jugendsprache: 1. Verabredung, Termin; 2. personifizierte Bezeichnung für eine/n „Ausgehpartner/in"; in Bedeutung 2 liegt eine Bedeutungserweiterung gegenüber dem Original vor; Bsp.: *Sorry, morgen abend hab ich schon ein Date. Ist der Typ dort dein neues Date?*

davonschalten (sich)

→ wegschalten (sich)

davonspritzen

fliehen, (schnell) weglaufen; syn. → *abschmieren*, → *abpfeifen*, → *abschweben*, → *abziehen, sich* → *verfratzen;* zur Assoziation: Wer naßgespritzt wird, *spritzt* in der Regel schnellstens *davon!* Bsp.: *Ich konnte gerade noch davonspritzen, dann waren die → Cop-Terriers auch schon da.*

Denkzwerg

politisch unkorrekt, weil eindeutig negativ: „Blitzmerker", Dummkopf, geistig wenig flexible Person; syn. → *Bodenturner*, → *Dünnbrettbohrer*, → *Flachkopf*, → *Nullchecker;* Bsp.: *Du bist echt ein → hohler Denkzwerg.*

Depresse/Depressi/Depri

lat. „deprimere" = 1. niederdrücken, herabdrücken; 2. unterdrücken, herabsetzen; 3. etwas versenken; in der Jugendsprache Substantivierung: 1. niedergeschlagene/→ *gefrustete* Person (männlich: Depress*i*; weiblich: Depress*e*); 2. schwierige bzw. aussichtslos scheinende Lage; oft in der Wendung *einen Depri schieben/sich seine Depressi-Einheiten geben/-reinziehen* (= niedergeschlagen sein); plakative Abkürzung für Einzelgänger bzw. Leute, die zu Schwermut neigen und sich in der Gruppe grundsätzlich nicht wohlfühlen (meist leicht verächtlich); Bsp.: *Spiel doch nicht andauernd den Depressi! Das ist echt eine ziemlich → danebene Depresse. Die Susi gibt sich mal wieder ihre Depressi-Einheiten.*

dinnern

engl. „dinner" = (gehobenes, feines) Mittagessen; jugendsprachlich meist abschätzig: 1. fein essen (gehen), spießig speisen; aber auch: 2. sich auf die Schnelle ein Fertig-Essen reinziehen; der lebenshungrigen McDonalds-Generation fehlt vielfach das Verständnis dafür, wie man für eine Mahlzeit mehr als fünf Minuten „verschwenden“ kann; Bsp.: *Dinnerst du heute wieder beim Mc? Wann dinnern wir mal wieder gemeinsam?*

Dino(s)

als Nachfolgevokabel für „Fossil“ originelle (und durchaus liebevolle) Bezeichnung für Eltern; vor allem von jüngeren → *Frischlingen,* die von der Dinosaurier-Welle, von Fred Feuerstein und Steven Spielberg voll erfaßt wurden; Bsp.: *Frag doch mal deine Dinos, ob die → Ansage von gestern noch stimmt.*

Diplom-

altgriech.-lat. (wörtl.): „zweifach Gefaltetes, Handschreiben auf zwei zusammengefalteten Blättern“; in der Jugendsprache meist in zusätzlichen Zusammensetzungen nochmals gesteigert: *Diplom-Zyniker, Diplom-Alker, Diplom-Dröhner, Diplom-Windei, Diplom-Dandy, Diplom-Müllologe;* Bsp.: *Der Uli macht neuerdings auf Diplom-Zyniker. Der Claus ist mittlerweile ein richtiger Diplom-Alker.*

Dösi

1. Döskopp, Kasperl; 2. Schlafmütze, Langweiler; im Gegensatz zum → *Bodenturner,* zum → *Denkzwerg* oder zum →*Dünnbrettbohrer* ist der *Dösi* weder denkfaul noch geistig beschränkt, sondern einfach nur ein (Tag-)Träumer (abgeleitet von „dösen“ = vor sich hinträumen); in Verbindung mit dem Adjektiv „schwarzer“ neuerdings auch Bezeichnung für „Schiedsrichter, Unparteiischer“ (vgl. auch → *Neutralo*); Bsp.: *Der Willi ist doch ein Dösi.*

Domo

Doppelmoralist, will sagen: Mensch mit politischem Naturell; die zweifache Abkürzung innerhalb eines Wortes

(„Do“ = Doppel; „Mo“ = Moralist) steht im Dienste der Sprachökonomie und gestattet, das Wort geradezu auszuspucken; nicht zu verwechseln mit der (jugendsprachlich kaum mehr relevanten, weil längst umgangssprachlich adaptierten) *Demo* (= Demonstration); Bsp.: *Von diesen Polit-Domos hab ich längst meinen Hut voll. Domos gehen mir riesig auf den → Zeiger.*

Drive

engl. „drive“ = 1. (Spazier-)Fahrt; 2. Treibjagd; in der Jugendsprache Bedeutungserweiterung in Richtung „Schwung, Energie, besonderer/zusätzlicher → *Kick*“; Bsp.: *Der → Acid-Jazz hat einfach den speziellen Drive. Die → Mucke hat → null Drive.*

dümpeln

sich langsam fortbewegen, schlendern, sich mühsam in Bewegung setzen; vgl. → *dackeln*, → *gurken*, → *schlappen*. Anleihe aus der Seemannssprache („dümpeln“ = leicht schlingern, schwanken); Bsp.: *Der → Nullchecker dümpelt neuerdings rum wie Neil Armstrong bei der Mondlandung.*

Dünnbrettbohrer

soziologische Kategorie, zu deren näherer Bestimmung der Rückgriff auf Max Weber nicht erforderlich ist; Dummkopf, begriffsstutzige Person, „Blitzmerker“, Person mit sehr niedrigem Intelligenz-Quotienten; syn. → *Denkzwerg*, → *Bodenturner*, → *Flachkopf*, → *Nullchecker;* vs. → *Durchblickologe;* der *Dünnbrettbohrer* → *bohrt* sich mit seiner Dummheit gerade mal höchstens durch ein dünnes → *Brett* (= stellvertretend für „Problem“) hindurch; zugrunde liegt der Vergleich zur Handwerkersprache, wo man für jeden Holztyp verschiedene Bohrerstärken braucht; Bsp.: *Das ist doch nur ein Dünnbrettbohrer! Was willst du denn mit so einem Dünnbrettbohrer?*

dummsülzen (norddtsch.)

1. viel reden, aber nichts „sagen"; mit vielen (hochgestochenen) Worten noch mehr Unsinn erzählen; 2. extrem dummes Zeug daherreden; vgl. → *blöken,* → *opern,* → *quarken;* hat als Verstärkung von *sülzen* dieses mittlerweile abgelöst; leitet sich von der „Sülze" (= schlabbriges Nahrungsmittel, oft aus viel Gelatine und wenig Fleisch) her; ausschließlich in norddeutschen Sprachregionen anzutreffen; Bsp.: *Dein Dummsülzen geht mir auf den Sack.*

Dumpfbacke

sehr dumme, begriffsstutzige Person, „Blitzmerker"; vgl. → *Bodenturner,* → *Denkzwerg,* → *Dünnbrettbohrer,* → *Flachkopf,* → *Nullchecker;* vermutlich im Gefolge einer Zeichentrickfigur namens „Dumpfbacke" (in der TV-Serie ‚Schweinchen Dick') entstanden; Bsp.: *Schwirr* → *ab, Dumpfbacke! Mann, bist du eine Dumpfbacke!*

Durchblickologe

positiv: (kluge) Person mit Durchblick; → *Expreßchecker;* 2. negativ: „Blitzmerker", Person mit „langer Leitung"; → *Bodenturner,* → *Denkzwerg,* → *Dünnbrettbohrer,* → *Nullchecker;* ob Bedeutung 1 oder 2 gemeint ist, läßt sich jeweils nur aus dem Kontext erschließen – wenn überhaupt; Bsp.: *Der Rudi ist unser erster Durchblickologe. Was ist denn das für ein Durchblickologen-Verein hier? Bist du hier der Chef-Durchblickologe, oder* → *wa?*

durchfretten (sich) (süddtsch./österr.)

sich durchschlagen, sich abkämpfen, sich abrackern; ob die österreichische Verbalform „fretten" (= knausern, sich stark einschränken) oder das Nagetier („Frettchen") der etymologische Ursprung des Wortes ist, läßt sich nicht endgültig beantworten. Für letzteres spricht allerdings dessen Fähigkeit, sich (im wahrsten Sinne des Wortes) überall „durchzubeißen"; Bsp.: *Da mußt du dich halt durchfretten!*

Fretten wir uns durch! Im Durchfretten hab ich mittlerweile Routine!

durchgeknallt

1. verrückt, völlig durcheinander sein; 2. ausgeflippt, → *hip;* 3. „auf Drogen" sein; → *bedröhnt,* → *beschickert;* kann sowohl positiv (Bedeutung 2) als auch negativ (Bedeutungen 1 und 3) gemeint sein; die umgangssprachliche Wendung „der hat ja einen Knall!" stand hier möglicherweise Pate, aber auch die „durchgeknallte" Sicherung ist als ethymologische Quelle denkbar; Bsp.: *Der Uli ist doch total durchgeknallt. Das ist ein total durchgeknallter* → *Fruppie.*

durchkneten

schlägern, jemanden verprügeln; vgl. → *abklatschen,* → *bügeln,* → *bürsten,* → *frikassieren,* → *klopfen,* → *weichklopfen;* erklärt sich von alleine, wenn man an die kräftigen Arme einer ältlichen Matrone im Hausfrauenkittel denkt, die den Sonntagskuchen vorbereitet; Bsp.: *Ihr* → *Dusseltiere seid wohl schon lange nicht mehr durchgeknetet worden! Die* → *Ösis haben wir aber voll durchgeknetet,* → *wa?*

durchlavieren (österr.)

lat. „lavare" = waschen, baden, reinigen, spülen, (weg)putzen; in der Jugendsprache: 1. sich durchbeißen, sich durchschlagen, nicht aufstecken; 2. eine (schwere) Krise durchmachen, etwas durchstehen/überstehen; vgl. → *durchfretten (sich)*; inhaltliche Anlehnung an die lateinische Ursprungsbedeutung; vornehmlich in Süddeutschland und Österreich anzutreffen; Bsp.: *Wer sich da durchlaviert, das ist bestimmt kein* → *Bodenturner! Da mußt du dich halt durchlavieren, Alter!*

(durch)regeln

vgl. lat. „regula" = 1. Latte, Leiste; 2. Norm, Recht; jugendsprachlich in der Wendung *etwas (durch)geregelt bekommen:* einsehen, verstehen, kapieren; von der „Regel"

(= Richtschnur, Maßstab, Norm) abgeleitet, die für klare Verhältnisse sorgen soll; Bsp.: *Das bekomme ich irgendwie nicht (durch)geregelt.*

durchwabern (sich) (norddtsch.)

sich durchbeißen, sich durchschlagen, sich durch etwas Unangenehmes (hindurch-)kämpfen; von niederdeutsch „wabern“ (= sich hin und her bewegen, flackern); norddeutsches Pendant für das süddeutsche/österreichische → *durchlavieren (sich)*/ → *durchfretten (sich);* Bsp.: *Durchwabern ist angesagt, Mann! Waber dich da durch!*

Dusseltier

Dummkopf; vgl. → *Bodenturner,* → *Denkzwerg,* → *Dünnbrettbohrer,* → *Dumpfbacke,* → *Flachkopf;* trotz inflationärer Verwendung hat dieses Wort seit Jahrzehnten (bei leichter Rückläufigkeit) nach wie vor seinen festen Platz im Stammwortschatz der Jugendlichen; Bsp.: *Nur Dusseltiere fristen ihr Leben in der* → *Savanne. Die rechten Dusseltiere haben schon wieder eine Aussi-Bude abgefackelt.*

E

egalo/Egalo

1. als Adjektiv bzw. Adverb: einerlei, unwichtig; 2. als Substantiv: schlecht motivierte/gleichgültige Person; Person, der so ziemlich alles → *scholle* ist; vs. → *Karriero*; vermutlich vom englischen „equal“ (= gleich, gleichgültig) hergeleitet; Bsp.: *Das ist mir totalo egalo.*

einpfeifen

1. schnell etwas essen, eine *Fast-Food*-Mahlzeit zu sich nehmen; 2. hastig trinken, sich (schnell) etwas reinschütten; originelle jugendsprachliche Neuschöpfung, seit einigen Jahren gerade bei gestreßten jugendlichen Mallorca- bzw.

Teneriffa-Urlaubern → *trendig;* eine semantische Affinität zur → *Pfeife* ist nicht auszumachen – freilich braucht man sie auch nicht; Bsp.: *Pfeifen wir uns noch ein paar Pommes ein?*

Ekstasy/Eksi

altgriech. „Ekstasis" = 1. das Außersichgeraten, die Verzükkung; 2. Verrücktheit; in der Jugendsprache Bezeichnung für die neue, von Experten als hochgefährlich eingeschätzte Mode-Droge „Ekstasy" (wirkt stärker als Heroin!), die vornehmlich von 16–20jährigen Jugendlichen → *eingepfiffen* wird. *Ekstasy* wirkt euphorisierend bzw. enthemmend und macht bereits bei einmaligem Gebrauch abhängig; das spiegelt sich in dem niedlichen Kürzel bezeichnenderweise nicht wider; Bsp.: *Schmeißen wir uns noch eine Ladung Ekstasy rein. Willst doch auch noch ein buntes Eksi?*

elefantös

superlativisch verwendet: hervorragend, phantastisch, unübertrefflich, besonders gut (vgl. → *krokofantös,* → *bombig,* → *granatenmäßig*); als schwerstes Landtier ist der Elefant gerade mal imposant genug, um als Wortstamm für einen klassischen Pseudo-„Superlativ" herzuhalten; Bsp.: *Die* → *Mucke ist echt elefantös.*

end-

polyvalente Steigerungsvorsilbe zum Zwecke der Verstärkung einer Vokabel bzw. eines Ausdrucks, z.B. *end-geil, end-cool, end-stark.* Endlich!

Ende im Gelände

Schülerjargon: syn. für „keine Chance, nichts geht mehr, alles ist vorbei/aus"; schwerpunktmäßig in Großstädten, wo fast alles „Gelände" verbaut ist und man logischerweise noch schneller ans Ende kommt; Bsp.: *Schon wieder Ende im Gelände!*

entsiffen

säubern, reinigen, putzen, „cleanen"; um den „Siff" (= Dreck) zu entfernen, benötigt man starke Reinigungsmittel und starke Vokabeln, z. B. solche mit Reim-Analogie („Biff cleant jeden Siff!"); Bsp.: *Hilfst du mir mal mit, meine Bude entsiffen?*

Ex

lat. „ex" = aus; in der Jugendsprache: 1. allgemein: Vorgänger; frühere(r) . . .; 2. speziell: ehemaliger (intimer) Freund/Liebhaber; aufgrund der Nähe zur Umgangssprache (vgl. *Ex*-Trainer, *Ex*-Kanzler, *Ex*-Minister, *Ex*-Moderator, *Ex*-Frau, *Ex*-Freund usw.) werden die beiden vielsagenden Buchstaben von Jugendlichen meist als selbständige und ausreichende Vokabel verwendet; der Sinn von *Ex* erschließt sich so jeweils neu aus dem Kontext; Bsp.: *Der neue Coach → quarkt denselben Käse wie sein Ex (gemeint: Ex-Trainer).*

Expreßchecker

1. positiv: (kluge) Person mit schnellem Durchblick/rascher Auffassungsgabe; → *Durchblickologe;* 2. negativ: Person mit „langer Leitung"; im Zeitalter der Zeitknappheit ist *Expreß*-Sein absolut *angesagt;* Bsp.: *Der Tom ist einfach ein totaler Expreßchecker. Bist du hier der Expreßchecker vom Dienst? Was bist du denn für ein Expreßchecker?*

F

fackeln

→ abfackeln

Fahrlappen

keine „Fahrkarte", sondern ein leicht abschätziges Synonym für „Führerschein"; oft in der Verbindung *Fahrlap-*

pen-Frischling (= Führerschein-Neuling); Bsp.: *Wann greifst du dir denn jetzt endlich deinen Fahrlappen? Hast du deinen Fahrlappen schon?*

Fascho

vgl. lat. „fascis" = Bündel, Paket, Kriegsgepäck; in der Jugendsprache: Faschist, Rechtsextremer, auch: Rechtsradikaler (vgl. auch → *Skinnie*); das Ökonomie-Suffix „-o" macht mit den Herren vom rechten Flügel einigermaßen kurzen Prozeß; Bsp.: *Mit Faschos haben wir nichts am Hut. Faschos kannst du den → Bach runterspülen.*

Faxe(n)/Faxerei

1. Quatsch, Unsinn; 2. Ablenkungsmanöver, Hinhaltetaktik; 3. Schläger/Schlägerei; zumindest die Bedeutungen 1 und 3 stehen in einem assoziativen Zusammenhang mit der Obelix-ähnlichen Trickfilmfigur aus der Kinder- und Jugendserie ‚Wickie und die starken Männer'; Bsp.: *Ich habe jetzt aber langsam die Faxen hier dicke. Wie lange willst du denn deine Faxen hier noch treiben? Halt die → Klapper, sonst gibt es hier gleich eine Faxerei, ja!*

Faxenheini

Witzbold, Scherzkeks, Person mit Sinn für Spaß und Humor; Person, die ständig → *Faxen* macht – und dabei auch mal auf die Nerven gehen kann; vgl. → *Faxe*, → *Gecko*, → *Bajazzo;* Bsp.: *Was will denn der Faxenheini hier?*

Fay(s)

Knallbunte Wind- und (All-)Wetterjacken aus Baumwolle mit großen Karabinerhaken als Verschluß; seit einigen Jahren vor allem in Großstädten beliebte Klamotte finanzkräftiger Jugendlicher; Bsp.: *Ich hol mir ein paar neue Fays. Was ist das denn für ein neues Fay-Teil?*

Fell

1. in der Wendung *das Fell bügeln:* schlägern, Ohrfeigen austeilen, jemanden verhauen; 2. in der Wendung *das Fell*

juckt: übermütig sein, → *Faxen* machen; Bsp.: *Sollen wir dir dein Fell bügeln? Dir hat wohl schon lange keiner mehr das Fell gebügelt? Dich juckt wohl das Fell!*

ferkeln

eigtl. „junge Ferkel zur Welt bringen"; in der Jugendsprache tierisch umgedeutet in Richtung „Kinder kriegen"; vgl. → *kalben*; eine der zahlreichen Anleihen aus der Zoologie (vgl. → *anblöken,* → *blöken,* → *Gorilla,* → *wiehern*); 2. etwas verschmutzen, beschmutzen; 3. Sexspielchen veranstalten – etwa auch mit „Präfixen" (z. B. *be-ferkeln, verferkeln, rum-ferkeln*); Bsp.: *Die Claudia wird demnächst ferkeln. Mann, ihr habt mir die ganze Decke verferkelt. Der Uli ferkelt die ganze Zeit mit irgendwelchen Tussis rum.*

festen

feiern, eine Party feiern, gute Laune haben; häufig auch in substantivierter Form („Festen"), vor allem bei 12–16jährigen, die am liebsten jeden Tag ein Fest feiern würden; Bsp.: *Ihr kommt ja aus dem Festen gar nicht mehr raus.*

fett

1. gut, schön, in Ordnung; 2. in der Wendung *fett sein/werden:* reich sein/werden, zu → *Fliesen* kommen; → *Fliesen* verdienen; die eigentliche Bedeutung von „fett" (= Gegenteil von „mager") erfährt hier jene adäquate semantische Erweiterung, die den materialistischen Zeitgeist widerspiegelt; Bsp.: *Das ist eine volle fette* → *Mucke. Die Sache ist absolut fett. Davon wirst du aber nicht fett.*

Fickfack(erei)/Fackerei

1. Ausflucht, Ausrede; vgl. auch → *Fisch (fauler)*; 2. als Fluchwort: „Verdammt noch mal!"; nicht (!) vom Amerikanischen „to fuck", sondern vom mittelhochdeutschen „fickfacken" (= gaukeln, Unsinn von sich geben) abgeleitet; Bsp.: *Komm mir nicht schon wieder mit einem Fickfack. Deine Fackereien habe ich langsam dicke.*

finkeln

→ gefinkelt

Fisch (fauler/stinkender)

1. Ausflucht, Ausrede; die Assoziation läßt sich über den „stinkenden Fisch" herstellen („Das stinkt vom Kopfe her"); 2. in der Wendung *einen Fisch ziehen* = einen Glücksgriff landen; Bsp.: *Das ist doch wohl ein ultrafauler Fisch. Mit diesem faulen Fisch zerrst du keinen Cowboy vom Pony.*

Flachkopf

Dummkopf, „Blitzmerker"; vgl. → *Bodenturner,* → *Denkzwerg,* → *Dünnbrettbohrer,* → *Dumpfbacke,* → *Nullchekker;* je „flacher" ein Kopf ist, desto weniger *Space* für *Infos* ist logischerweise vorhanden; Bsp.: *Der Tobi ist doch der absolute Flachkopf. Flachköpfe in die* → *Savanne!*

Flachkram

1. Unsinn, Quatsch, Blödsinn; 2. dummes Gerede; Bsp.: *Ihr macht dauernd nur Flachkram. Was soll der Flachkram? Verschone mich mit deinem* → *hohlen Flachkram.*

flambieren

anzünden, abbrennen; vgl. → *abfackeln;* typische Bedeutungsveränderung („flambieren" meint eigentlich das Anzünden von Speisen mit Alkohol, z. B. Weinbrand), vor allem in rechten Kreisen, u. a. → *Faschos,* → *Skinnies* und vergleichbaren → *Dusseltieren* anzutreffen; Bsp.: *Machst du mit, die* → *Aussis flambieren?*

Flaps

1. „flapsiger" Typ; 2. negativ: unangebrachte Bemerkung, falsches Wort zum falschen Zeitpunkt; 3. positiv: *Scherz, Witz;* Bsp.: *Was ist denn das für ein Flaps? Solche Flapse kannst du dir sparen. Das ist echt ein* → *greller Flaps.*

flauten

1. sich langweilen; 2. faulenzen, sich ausruhen (vgl. → *dammeln*); von der „Flaute" (= windstille See) abgeleitet; Bsp.: *Das Gequatsche von dem → Besserwessi flautet mich total. Ein paar Tage flauten kann nicht schaden.*

Flexibelchen/Flexibilist

lat. „flexibilis" = 1. biegsam, geschmeidig, elastisch; 2. unbeständig, wechselhaft; in der Jugendsprache Bezeichnung für eine (geistig) besonders flexible Person; jemand, der → *rapido* → *löffelt,* was „Sache ist"; die Wortbildung erfolgt analog zu dem mittlerweile umgangssprachlichen „Sensibelchen" – analog ist auch die Ambivalenz; Bsp.: *Flexibilist müßte man sein!*

flezen

faulenzen, sich hinlegen, sich hinlümmeln, rumgammeln (vgl. → *dammeln,* → *flauten*); schon umgangssprachlich adaptiert, aber vor allem bei Schülern, die stundenlang stillsitzen müssen, beliebt; Bsp.: *Flez dich schon mal hin. Flez hier nicht rum, du → Windei!*

Fliese (blaue)

gemeint ist hier nicht etwa Muttis blaßblaue Badezimmerkachel, sondern die knallharte Währung („Hundertmarkschein"); die chronische Ebbe in den Geldbeuteln der meisten Jugendlichen stand wohl Pate bei dieser handfesten Umdeutung; nach und nach setzt sich die „Fliese" auch umgangssprachlich durch; Bsp.: *Kannst du mal eben eine blaue Fliese rüberwandern lassen? Wer schmeißt denn hier mit Fliesen rum?*

Flocke

1. Witzbold, Scherzkeks; 2. dumme Bemerkung; 3. Mädchen („weich" und zärtlich wie eine Schnee„flocke"), auch: schusseliges Mädchen; die jeweilige Bedeutung ist – wie so oft – nur aus dem Zusammenhang zu erschließen; Bsp.: *Der*

→ Ösi ist vielleicht eine lustige Flocke. Deine ständigen Flocken gehen mir langsam auf die → Birne. Die Ulla ist schon eine → grelle Flocke.

Flossen

1. Arme, Hände; 2. Beine, Füße; die „Flossen" der Fische werden hier mit den menschlichen Extremitäten gleichgesetzt; Bsp.: *Nimm deine Flossen da weg! Verbrenn dir nicht die Flossen, → Dandy! Da mußte ich ganz schön die Flossen schwingen, als die → Trachtengruppe angetanzt kam.*

flott(ier)en

1. allgemein: sich schnell („flott") fortbewegen; 2. sich schön machen, (fein) herausputzen; 3. speziell: fliehen, sich aus dem Staub machen (vgl. *→ abschmieren, → abschweben, → abzittern, → davonspritzen, → verfratzen (sich), → verzupfen (sich), → wegschalten (sich); Biege, Fliege, Abflug*); laut ‚Duden' bedeutet „flottieren" eigentlich „schwimmen, schweben, schwanken", ein Bezug zur „Flotte" ist nicht festzustellen – zuweilen aber flottieren die Wechselkurse; die Vokabel leitet sich vielmehr von „flott" (= 1. schnell; 2. hübsch) ab; Bsp.: *Flottier ab, aber → rasanto! Meine Schwester flottiert sich gerade.*

fluppen

1. gut funktionieren; 2. zügig vorangehen, ein schnelles Tempo vorlegen; oft mit diversen Vorsilben (*ab-fluppen, durch-fluppen, los-fluppen, rum-fluppen, weg-fluppen*); nicht zu verwechseln mit *flippen* (= 1. spinnen; 2. ziellos umherschweifen); Bsp.: *Du fluppst heute aber ganz schön durch die → Savanne.*

Fluß

→ Bach

Flyer

engl. „flyer" = 1. Flieger, Flugzeug; 2. Pilot; jugendsprachliche Bedeutungsveränderung in Richtung „Handzettel"

(= „fliegender“ Zettel), der über wichtige Party-*Dates* informiert; die Geburtsstunde des „Flyers“ vermutet Horx' ‚Trendwörterlexikon‘ in den späten 80ern (Handzettelwerbung für illegale Drogen-Parties). Allerdings gab es auch schon in den Dreißigern und Vierzigern Handzettelaktionen (vgl. ‚Weiße Rose‘); zum künstlerisch eigenständigen Medium entwickelte sich der Flyer erst Anfang der 90er Jahre mit der → *Techno*-Kultur im gerade wiedervereinigten Berlin, die auf ebenjenes Informationsmedium angewiesen war; Bsp.: *Hast du den Flyer für die Party am Samstag schon gesehen!*

Folterkammer

Turnhalle, Fitness-Raum; vgl. → *Gummizelle.* Bedeutungsveränderung von der mittelalterlichen „Daumenschraube“ hin zur neuzeitlichen „Hantelstange“; mittlerweile auch umgangssprachlich adaptiert, zumindest in Sportlerkreisen – vor allem bei Kraftsportlern – sehr geläufig; Bsp.: *Machen wir noch eine Runde in der Folterkammer? Wann bist du immer in der Folterkammer?*

Fossil(ie)

vgl. lat „fossula“ = das Ausgegrabene; eigtl. uralt, neuerdings wieder „in“; (sehr) alter Mensch (= älter als 50 Jahre); unterstreicht den jugend(sprach)lichen Hang zur hyperbolischen Übertreibung: Fossilien sind laut ‚Duden‘ „Versteinerungen (bzw. versteinerte Reste) von Pflanzen und Tieren aus früheren Epochen der Erdgeschichte“; Bsp.: *Dein Kohlebeschaffer ist ja schon ein richtiges Fossil. Meine Geldanschaffer sind beide totale Fossilien.*

Freßleiste

(menschlicher) Mund, speziell: Zähne, Kauwerkzeuge, gelegentlich Bezeichnung für „dritte“ Zähne; derber Ausdruck, der vor allem bei den 13–18jährigen einen großen Anhang hat; Bsp.: *Schließ doch mal deine Freßleiste! Gönn deiner Freßleiste doch mal einen kleinen Durchhänger!*

frikassieren

franz. „Frikassee" = Ragout aus weißem Geflügel-, Kaninchen- oder Kalbfleisch; jugendsprachlich: verprügeln, schlägern; vgl. → *abklatschen,* → *klatschen,* → *klopfen,* → *weichklopfen;* bevor aus dem Fleisch ein Ragout gekocht werden kann, muß es frikassiert werden; dieses „Zerkleinern" bildet die Grundlage für die (etwas makaber anmutende) jugendsprachliche Umdeutung; Bsp.: *Ich lass mich doch nicht frikassieren. Gehen wir die* → *Bodenturner von der* → *Aussi-Bude frikassieren!?*

frottieren

verprügeln, schlägern, (vgl. → *abklatschen,* → *klatschen,* → *klopfen,* → *weichklopfen*); „frottieren" meint eigentlich das Abreiben der Haut mit speziellen wollenen Tüchern oder Bürsten; bereits seit den fünfziger Jahren jugend- und umgangssprachlich im Umlauf, nach einer zwischenzeitlichen „Flaute" in den Siebzigern und Achtzigern jetzt wieder häufiger in „schlagender" Bedeutung; Bsp.: *Die* → *Wessis haben wir aber ordentlich frottiert. Neulich sind wir von ein paar* → *Skinnies frottiert worden.*

Frischling(e)

eigentl. „Frischling" = Wurf einer Wildsau; in der Jugendsprache ausgedehnt auf junge Menschenkinder; allgemein: Neuling (z. B. → *Fahrlappen-Frischling* = Führerscheinneuling); vgl. → *Baby-Kids,* → *Jungtiere,* → *Kurze(r);* Bsp.: *Was wollt ihr denn mit den Frischlingen anfangen? Ihr könnt doch nicht die Frischlinge* → *weichklopfen!*

Frischlingspower

engl. „power" = 1. Macht, Kraft, körperliche Energie, Ausdauer; 2. Strom, Elektrizität; in der Jugendsprache Bezeichnung für „Begeisterungsfähigkeit" (vor allem bei naiven → *Frischlingen* und → *Baby-Kids*); (gewagte) Hybridbildung aus einem englischen Bestandteil („power") und einem semantisch umgedeuteten deutschen Wort („Frischling"); Bsp.: *Auf die Dauer hilft nur Frischlingspower. Leg dich auf die Lauer, wart auf Frischlingspower.*

Frost

Angst, starke Furcht; jugendsprachliche Bedeutungsveränderung. Hinweis zur Assoziation: Bei „frostigen" Temperaturen erstarrt man ebenso leicht wie vor Angst! Bsp.: *Ganz schön Frost gehabt gestern, → wa?! Da packt dich wohl der Frost, → wa?*

Fruppie

frustrierte/gelangweilte Person; steht für „frustrated urban professionals" (= frustrierte Großstadtmenschen); ein sogenanntes „Abkürzungs-Kumulativ" (= Wortneubildung aus mehreren Abkürzungen innerhalb eines Wortes); vgl. auch → *Dink*, → *Grumpie*, → *Kiwi*, → *Puppie* usw.). *Fruppies* sind in der Regel frustrierte Miesmacher, die keinen Hehl aus ihrem Durchhänger machen, und daher meist ausgegrenzte Einzelgänger; Bsp.: *Fruppies lassen wir hier nicht rein. Schwirr → ab, Fruppie!*

Fuzz

engl. „fuzzy" = unscharf, stumpf; in der Jugendsprache Bezeichnung für einen dicken, schweren Schlabberpullover, der Körperformen unscharf erscheinen läßt und deshalb vor allem von beleibteren Mädchen bevorzugt wird; Bsp.: *Was, mit diesem Schlabber-Fuzz willst du auf die → Piste?*

G

gebügelt

1. verwundert, überrascht sein; 2. (wie) vor den Kopf gestoßen sein; 3. „kaputt"/„fertig" sein, schwer angeschlagen sein; die Vokabel leitet sich vom Bügeleisen ab, mit dem man Hemden und Hosen „plättet"; Bsp.: *Da bin ich → schrill gebügelt worden.*

Gecko

malaiisch „Gecko“ = tropische Eidechse; jugendsprachlich: 1. Modefreak, vgl. → *Dandy;* 2. Spaßvogel, Kindskopf, Witzfigur, Spinner (kosend), → *Bajazzo;* der gute alte „Geck“ läßt halt immer noch grüßen – und das angehängte „-o“ macht ihn gleich ein bißchen jünger; Bsp.: *Der Robert ist doch ein irrer Gecko.*

Geblubber

→ Blubber-Blubber

Gedödel

Rumgetue, (zielloses) Handeln bzw. Tun; jugendsprachlicher Neologismus, der sich etymologisch zweifellos vom *Dodel (österr.* = „Trottel“) ableitet; Bsp.: *Laß das → hohle Gedödel! Das Gedödel geht mir → grell auf den → Zeiger.*

Gedröhne

1. dummes Gerede/Gequatsche; → *Blubber-Blubber, Geblubber;* 2. Saufgelage, Trinkfest, Party mit Rauschgiftkonsum; Bsp.: *Laß mich in Ruhe mit deinem → hohlen Gedröhne! Das ständige Gedröhne geht mir auf den → Zeiger.*

gefinkelt

meist abschätzig, manchmal auch bewundernd: 1. hinterfotzig, gemein; 2. gewieft, schlau; leitet sich vom „Finkler“ (= umgangssprachlich für Vogelfänger) ab, der mitunter ganz schön *gefinkelt* sein muß, um seine herumschwirrenden Piepmätze einzufangen; mittlerweile schon umgangssprachlich im Umlauf (eine der Lieblingsvokabeln von Fußballreporter Gerd Rubenbauer: „Eine gefinkelte Flanke von Mario Basler“); Bsp.: *Das ist aber ein voll gefinkelter Plan! Der Matthäus spielt echt gefinkelte Pässe.*

gefrustet

lat. „frustrari“ = 1. jemanden täuschen, hintergehen, irreführen; 2. unfaire (taktische) (Winkel-)Züge machen; 2. das Ziel verfehlen, danebenschießen; 3. etwas vereiteln; 4. ermüden;

Jugendsprache: frustriert, niedergeschlagen, mit den Nerven fertig sein, deprimiert sein/schlechte Laune haben; umgangssprachlich dermaßen verschlissen, daß die Jugend sich nicht mehr sooft darin wiederfindet; vgl. → *Fruppie;* Bsp.: *Die Susi ist seit neuestem nur noch gefrustet. Da war ich ganz schön gefrustet.*

Getriebeschaden

In der Wendung *einen Getriebeschaden haben:* 1. völlig durchgedreht sein, nichts (mehr) kapieren; 2. einen ziemlichen „Dachschaden"/eine „Macke" haben; vgl. → *Schatten;* 3. eine Schraube locker haben, verrückt sein, spinnen; Anleihe aus dem Mechanikerjargon, die den stetigen Verdinglichungen alles Menschlichen Rechnung trägt; Bsp.: *Wohl einen Getriebeschaden,* → *wa? Nerv hier nicht rum mit deinem chronischen Getriebeschaden!*

Getüddel (norddtsch./ostdtsch.)

1. Unsinn, Quatsch; 2. dummes Gerede, Geschwätz; 3. Gedudel, Schlager; leitet sich vermutlich von „deudeln" (norddeutsch „falsch singen, grölen") ab; oft auch in der verbalisierten Form *tüddeln* (= Quatsch machen, Unsinn reden); vor allem norddeutschen und ostdeutschen Jugendlichen geläufig; vgl. → *Geblubber,* → *Blubber-Blubber;* Bsp.: *Hör schon auf mit dem Getüddel! Das Getüddel kann ich nicht mehr hören.*

Gick-Gack

Geschwätz, unsinniges Geplänkel, dummes Gerede (→ *Blubber-Blubber,* → *Geblubber*); meist als Chauvi-Totschlage-Begriff pubertärer → *Frischlinge* gegenüber vorlauten bzw. schnatterhaften Mädchen. Bsp.: *Das ist doch alles Gick-Gack, was die Alte da* → *rausläßt.*

giepern (norddtsch./ostdtsch.)

verlangen nach, gieren; ausschließlich im norddeutschen Sprachraum anzutreffen; Bsp.: *Du gieperst ja richtig nach der* → *Motte.*

Gierlappen

abwertend: ‚Nimmersatt', aber nicht mit der Raupe gleichen Namens zu verwechseln; Person, die ständig nach *Lappen* (= Geldscheine) „giert" und dabei nach und nach zweifelhafte Charakterzüge annimmt; stammt ursprünglich aus der Comicsprache (vgl. Dagobert Duck); Bsp.: *Mann, du bist ein richtiger Gierlappen geworden!*

Giftspritze

eine streitsüchtige, unangenehme, weibliche Person; früher hießen solche Frauen zu Recht → *Xanthippe* und hatten zur Strafe „Haare auf den Zähnen"; auch hier gilt „pars pro toto" (= Teil für das Ganze): ein giftiger Zahn steht für die ganze giftige Person; das Wortmuster taucht gelegentlich auch in den Abwandlungen *Giftnudel*, *Giftsack* oder *Giftzahn* auf; Bsp.: *Du bist die reinste Giftspritze. Mit der Giftnudel hab ich nichts am Hut.*

gipsen

jemanden zum Narren halten, sich einen eher harmlosen Spaß erlauben, eine Posse veranstalten; leitet sich vom Bauarbeiter-Slang ab („gipsen" = Gips zwischen die Fugen schmieren), wenngleich kein zwingender Zusammenhang besteht; manchmal auch in substantivischer Form („Gegipse"); Bsp.: *Willst du mich gipsen? Was soll das Gegipse?*

Gonzo

verrückte/törichte Person, die einen leichten →*Schatten* hat; die italienische Endsilbe („-o") verleiht der Vokabel ihre besondere Note und signalisiert zudem einen gewissen Hang zum Internationalismus; Bsp.: *Mann, der Uli ist vielleicht ein Gonzo.*

Gorilla

bewundernd (nur selten abwertend): Kraftprotz, Muskelpaket; einmal mehr muß die Fauna herhalten (vgl. auch → *anblöken*, → *blöken*, → *kalben*, → *kälbern*, → *wiehern*);

der Gorilla gilt immerhin als eine der kräftigsten Tierarten überhaupt und wird auch nicht mit Bananen abgefüttert; Bsp.: *Der Gorilla hat dich aber → oberdoll → gebügelt. Mann, dem Gorilla hast du aber eine vor die → Birne → geklopft.*

grabbeln (norddtsch.)

jemanden anquatschen, anmachen, anbaggern, → *anspitzen;* „grabbeln“ stammt laut ‚Duden‘ aus Norddeutschland, wo es bloß „herumtasten“ meint; Deutschlands Jugend gewinnt dem noch ganz andere Seiten ab; Bsp.: *Wir haben die ganze Nacht gegrabbelt. Das ständige Grabbeln geht mir langsam auf den → Kürbis.*

granatenmäßig

hervorragend, großartig, phantastisch; etwas, das wie eine Granate einschlägt und einen tiefen Eindruck hinterläßt (*granatenmäßiger Einschlag,* vgl. → *bombig*); das jugendsprachentypische Halbsuffix „-mäßig“ signalisiert eine deutliche pazifistische Aufreihung: weg von Trümmern und Kratern und hin zu psychischen Erregungszuständen; dieses Halbsuffix kann praktisch an jedes Wort angehängt werden, z. B. *gorilla-mäßig, hyper-mäßig bomben-mäßig, frust-mäßig, space-mäßig.*

greifen

1. (sich) jemanden (ein)fangen/„schnappen“; 2. (sich) etwas nehmen, zulangen, (ordentlich) zugreifen (vgl. → *griffeln*); 3. klauen, stehlen; (vgl. → *abgreifen,* → *klaufen*); der Greifvogel dürfte hier Pate gestanden haben; Bsp.: *Den → Krawattendjango greif ich mir. Ich greif mir mal schnell das Ding. Die blaue → Fliese hab ich mir → optimalo gegriffen.*

grell

1. sehr unangenehm; 2. peinlich; 3. als allgemeiner Pseudo-„Superlativ“; stark, hervorragend, blendend; („grell“ bedeutet eigtl. „besonders hell“); Bsp.: *Das ist aber eine voll grelle*

Story. Das ist mir aber riesig grell. Das ist aber ein greller Sound.

Grenzbomber

ziemlich despektierlich: „leichte“ Mädchen aus grenznahen Gebieten (z. B. aus Tschechien oder Polen), die bei westlichen *Dussel-Machos* wie eine Bombe „einschlagen“; die meisten *Grenzbomber* sind entlang der E 55 zwischen Teplice und Dubi „stationiert“ (angeblich der längste Straßenstrich Europas); rund 500 (!) weibliche *Grenzbomber* warten dort täglich auf ihren Frust-„Einsatz“; Bsp.: *Die Grenzbomber schlagen voll → granatenmäßig ein.*

griffeln

1. neutral: nach etwas greifen, etwas packen, etwas herüberreichen (vgl. → *greifen*); 2. negativ: sich raffgierig verhalten, alles an sich reißen; vermutlich vom „Griffel“ (antiquierte Bezeichnung für Bleistift) herzuleiten; Bsp.: *Griffel mir doch mal den Bleistift rüber! Die → Schniekis griffeln sich dauernd blaue → Fliesen.*

Gringo

abwertend: Neuling, unerfahrenes „Greenhorn“; jugendsprachliche Entlehnung aus dem Spanischen („el gringo“); seit den siebziger Jahren bekanntes Modewort, das mittlerweile seinen Zenit überschritten hat, weil es auch werbesprachlich (z. B. in der Zigarettenwerbung) adaptiert worden ist; Bsp.: *Mann, mit diesen Gringos kannst du doch kein → Klopfkonzert gewinnen. Was willst du denn hier, Gringo?*

Grünzeug

meist abwertend: Kind(er); vgl. → *Baby-Kids,* → *Frischling,* → *Junggemüse,* → *Kurze(r)*; Bedeutungsveränderung vom zarten Suppengemüse hin zum „jungen“, vor allem weiblichen *Grünzeug*; ausschließlich von älteren Jugendlichen gegenüber jüngeren Geschwistern und Schulmädchen verwendet; Bsp.: *Das Grünzeug nervt wieder mal tierisch. Schließ mal die → Klapper, du Grünzeug!*

Grumpi(e)

eher negativ – solange man noch nicht dazugehört: Bezeichnung für einen schon etwas älteren, überaus zahlungskräftigen „Yuppie"; die Vokabel steht für „grown up and matured" (= erwachsen und reif); die Kumulativbildung (= Abkürzungshäufung innerhalb eines Wortes) erfolgt analog zu → *Dink*, → *Fruppie*, → *Kiwi*, → *Puppie* und trifft nicht selten die gleichen Leute, vor allem in Großstädten; Bsp.: *Die Grumpies wedeln dauernd mit ihren → Fliesen rum.*

Grunge

engl. „grunge" = Schmutz, Dreck; *Grunge* stammt aus Nordamerika, vor allem aus Seattle, und ist eine rauhe Mischung aus Heavy Metal, Psychedelic Rock und Punk; Grunge versteht sich als Protest gegen die Kommerzialisierung der Rockmusik in den achtziger Jahren; phänotypisch für *Grunge-Freaks* sind Wollmütze, runder Schlapphut und schwere Stiefel. Mit dem medienwirksamen Selbstmord des „Nirvana"-Sängers Curt Cobain hat sich *Grunge-Groove* einen Platz in den Annalen der Rockmusik gesichert; Bsp.: *Grunge ist nicht irgendeine → Mucke, Alter, da geht der Bär voll ab!*

Gummilutscher

Kondom, Präservativ; ähnlich wie → *Blasrohr*, → *Luftballon*, → *Plastiktüte*, → *Schleimbeutel* offenbart auch der *Gummilutscher* den jugendlichen Hang zum (Sprach-)Spiel; bekanntlich gibt es *Gummilutscher* für besonders anspruchsvolle Schleckermäuler in verschiedenen Farben und Geschmacksrichtungen (Erdbeer, Kiwi, Organe, Schokolade, Vanille, Haselnuß usw.); Bsp.: *Hast du ein paar Gummilutscher auf Vorrat? → Klaufen wir schnell ein paar Gummilutscher, die kann man immer mal wieder brauchen!*

Gummizelle

Turnhalle, Squash-Court; makabere Anleihe aus dem Psychiatrie-Jargon („Gummizelle" = Ausnüchterungszimmer, Beruhigungsraum); syn. → *Folterkammer;* Bsp.: *In die Gummizelle kriegen mich keine zehn Kälber rein.*

gurken

sich langsam fortbewegen, im Schrittempo fahren, nicht geradlinig sein (vgl. die Form der Gurke; syn. → *dackeln,* → *dümpeln,* → *schlappen*); Bsp.: *Du gurkst durch die →Savanne wie ein → Dino.*

Gymnastiker-Anstalt

Gymnasium, höhere Schule (vgl. → *Internierungs-Anstalt*); bezeichnenderweise haben die Jugendlichen mit ihrer → *Flaps*-Bezeichnung für das Gymnasium sogar historisch gesehen recht, bedeutet das griechische „gymnazein" doch wörtlich „sich bewegen, Gymnastik treiben"; Bsp.: *Auf die Gymnastiker-Anstalt kriegen mich keine zehn Bären! Die Bubis von der Gymnastiker-Anstalt haben mal wieder die Hosen voll.*

H

händeln

engl. „to handle" = 1. anfassen, berühren; 2. handhaben, hantieren mit; 3. etwas erledigen, abwickeln; 4. führen, leiten; jugendsprachliche Bedeutungsverengung des umlaufmäßig eingedeutschten Verbs zu „etwas (gut) handhaben, (rasch) erledigen, (sicher) beherrschen"; besonders beliebt als Imponiergehabe bei Großstadtjugendlichen; Bsp.: *Wie willst du das händeln? Das händelt der → Mufti → eins a.*

Härtepreis(e)

Wucherpreis, weit überhöhter Preis; Bsp.: *In Dresden verlangen die neuerdings den absolut → schrillen Härtepreis. Der Härtepreis ist echt → grell.*

Head-Banger

von engl. „head" = Kopf, und „bang" = Schlag, Knall, Schwung; Bezeichnung für exzessive Tänzer, die beim *Abhotten* vorwiegend zu Hard'n Heavy-Klängen ihr Haupt rhythmisch vor und zurück bzw. auf und ab schleudern; vor allem bei den diversen → *Jungtieren* ein beliebter „Terminus technicus"; Bsp.: *Echt → abgedreht, diese Head-Banger, → wa?*

hinkeln

(schwer) arbeiten, schuften; → *wörken,* → *asten,* → *keulen;* wäre ohne die Obelix-Hinkelstein-Parodien (‚Obelix als Hinkelsteinlieferant') undenkbar; vor allem bei bereits berufstätigen Jugendlichen anzutreffen, denn die wissen, was gemeint ist; Bsp.: *Mann, diese Woche habe ich ununterbrochen gehinkelt. In dem Job darfst du die ganze Zeit hinkeln.*

hip/hippig

engl. „hip" = 1. Hüfte, Becken; Bedeutungserweiterung bzw. -verschiebung: → *angesagt;* „in", → *trendig/trendy;* oft durch das Adjektiv-Halbsuffix „-ig" verstärkt (*hippig*); adäquates Imponiergehabe bei Großstadtkids, die betont *cool* sind; leitet sich in der gegenwärtigen Verwendung vor allem von der *Hip/Hop-* und Rap-Musik her, die seit den späten siebziger Jahren aus der New Yorker Bronx herausgewachsen ist; Markenzeichen der *Hip-Hopper* sind – neben der Breakdance-Kultur und dem Sampling alter Platten – Jogginganzüge der Größe XXL und Basketballschuhe ohne bzw. mit offenen Schuhbändern; Bsp.: *Das ist jetzt voll hip. Der → Fuzz ist echt hipp, Mann!*

Hippe

→ Xanthippe

hobeln

1. allgemein: arbeiten, sich anstrengen; 2. und interessanter: schnell fahren, rasen, durch die → *Savanne brettern;* vom

hölzernen Werkstück zur Asphalt-Piste führt ein kurzer Weg, bei den kleinen Fluchten schleppt man eben immer noch ein bißchen Ballast aus entfremdeten Tätigkeiten mit sich herum; Bsp.: *Wie lange willst du denn heute abend noch hobeln? Mann, der Schlitten hobelt voll irre durch die → Savanne.*

Hocker

1. In der Wendung *das haut mich vom Hocker (Ich fall vom Hocker):* das kann ich nicht glauben, das kann nicht (wahr) sein! 2. In der Wendung *locker vom Hocker:* ganz gelassen sein! etwas ganz flott erledigen; da mittlerweile auch umgangssprachlich adaptiert, bei Jugendlichen leicht rückläufig.

Hof

in der Wendung *vom Hof reiten:* fliehen; weglaufen, sich aus dem Staub machen; vgl. → *abschmieren,* → *abschweben,* → *abzittern,* → *davonspritzen,* → *wegschalten (sich),* → *verfratzen (sich),* → *verzupfen (sich).*

hohl

1. langweilig, fade; → *latschig;* 2. altmodisch, nicht mehr → *trendy;* 3. nicht (ganz) bei Verstand/Trost sein; 4. dumm; vgl. → *matschig;* was für den volkstümlichen „hohlen Kopf" immer schon galt, läßt sich heute von vielen anderen Ärgerlichkeiten mit gleichem Recht behaupten; auch als Kompositum mit abgehängtem Verb, z. B. *hohldrehen* (= die Fassung verlieren, außer sich geraten), *hohlmachen* (= austrinken); Bsp.: *Mann, ist das eine hohle → Mucke. Du bist wohl total hohl? Du hast wohl eine hohle Birne.*

Hool (sprich: Huhl)

Abkürzung von engl. „Hooligan" = Rowdy, Schläger, Krawallmacher; oft in Verbindung mit einem prägnanten Präfix, das die Ausweitung von der ursprünglichen Bezeichnung exzessiver Fußballfans auf jede Art von tobsüchtigen Bünden zuläßt; Bsp.: *Ihr seit ja absolute → Fascho-Hools.*

hopsgehen

1. etwas verlieren; 2. sterben, den *Löffel abgeben;* Bsp.: *Mir sind neulich zwei blaue → Fliesen hopsgegangen.*

Huscher

1. flüchtiger Kuß; 2. kleiner Regenschauer; 3. vgl. geistiger Kurzschluß, gedanklicher „Blackout" (→ *Getriebeschaden,* → *Schatten,* → *Tuscher*); Bsp.: *Ein kleiner Huscher ist immer drin. Uns hat ein kurzer Huscher erwischt. Du hast ja einen (doppelten) Huscher.*

Hyper-Hyper (sprich: Haiper-Haiper)

altgriech. „hyper" = über, über . . hinaus, darüber, obenauf, jenseits; derzeit eine Art alternativer (Jubel-)Schrei bzw. Ausdruck überschäumender Energie; seit dem gleichnamigem Techno-Straßenfegerhit der ‚Hoopers' (Anfang 1995) bei Jugendlichen ein Renner; *hyper-hyper* kann beinahe alles und jeder sein. Alles Geschmackssache.

I

Igel

1. Bürstenhaarschnitt; 2. Person mit „Stacheln auf den Zähnen; 3. in der Redensart *einen Igel in der Tasche haben*: pleite sein, → *scholle* sein; schon wieder trägt der Biologieunterricht seine Früchte (vgl. *ferkeln,* → *Gorilla,* → *kalben*); Bsp.: *Der Igel schaut vielleicht → abgedreht aus. Vorsicht, der Igel ist im Anmarsch! Ich habe schon wieder mal einen Igel in der Tasche.*

intellell

abgekürzte Form von „intellektuell"; gescheit, klug, weitsichtig, intelligent; Hybridbildung, die einen gewissen Rest von Achtung mit spöttischer Distanzierung verschmilzt und dabei dem lateinischen „intellegere" (= begreifen, verstehen) ziemlich zu Leibe rückt; Bsp.: *Machst du neuerdings auf intellell? Der → Brilli schaut voll intellell aus.*

inter-

lat. = 1. unter, darunter, darnieder, zugrunde; 2. zwischen, mitten(drin), in der Mitte; 3. während, innerhalb; jugendsprachlich meist als vages Verstärkungspräfix gebraucht, vgl. *inter-cool, inter-geil, inter-galaktisch*. In reiferen Jahren spricht man bloß noch vom Inter-esse.

Internierungs-Anstalt

Internat, Tagesheim (= Halbinternat); die phonetische Affinität zu „Haft-Anstalt" wird deutlich herausgestellt und läßt sich semantisch auch gut begründen; vgl. → *Gymnastiker-Anstalt;* Bsp.: *Das → Gedödel in der Internierungs-Anstalt geht mir → brutal (affengeil) auf den → Zeiger.*

J

Jugendfrustgesetz

Wo die → *Dinos* von Jugendschutzgesetz sprechen, reden die Betroffenen Tacheles: Nach 22 Uhr ist Jugendlichen der Verbleib in Gaststätten untersagt. Bsp.: *Das Jugendfrustgesetz kannst du in der → Pfeife rauchen! Schieb dir das Jugendfrustgesetz doch sonstwohin.*

Junggemüse

meist bezogen auf das weibliche Geschlecht: junge Mädchen, Teenies; Feministinnen habt acht: es handelt sich eindeutig um eine Diskriminierung (vgl. auch → *Grünzeug*); Bsp.: *Was will denn das Junggemüse hier? Das Junggemüse kannst du gleich wieder mitnehmen.*

juxen

scherzen, Spaß machen; verbalisiertes Substantivum („Jux") mit Suffigierung („-en"); oft auch in der abgewandelten Form *sich einen abjuxen* (vgl. → *abjacken,* → *abmüllen*); Bsp.: *Mann, hab ich mir da vielleicht einen abgejuxt. Jux mal wieder!*

K

Kaktus(kopf)

1. Kurzhaarschnitt; 2. unangenehmer Zeitgenosse; „stacheliger Charaktertyp; wenn die Tierwelt nicht mehr reicht, müssen auch die Pflanzen ein Opfer bringen – bis hin zur „stacheligen“ → *Birne;* 3. in der Wendung *einen Kaktus pflanzen* = urinieren, pinkeln; Bsp.: *Hey Kaktus, komm mal her, aber* → *rapido! Die neue Chefin ist ein voller Kaktus! Ich pflanz nur mal eben schnell einen Kaktus.*

kalben

Kinder kriegen (vgl. → *ferkeln*). Anleihe aus der Zoologie – woher auch sonst in diesem Falle (vgl. → *anblöken,* → *blöken,* → *Gorilla,* → *Igel,* → *wiehern*); Bsp.: *Hat die Andrea jetzt eigentlich schon gekalbt?*

Kanal

1. in der Wendung *den Kanal voll haben* = einer Sache (oder Person) überdrüssig sein; 2. *anderer Kanal* = „nix verstehen“; 3. *den Kanal wechseln* = das Thema wechseln; drei (kreative) jugendsprachliche Bedeutungsveränderungen vom eindimensionalen „Kanal“ hin zum multifunktionalen Wortspiel; Bsp.: *Das krieg ich nicht in meinen Kanal. Ich sende auf einem anderen Kanal. Wechsel doch mal den Kanal.*

Kappe

1. Kopf; 2. Richtschnur, Norm; leitet sich von der HipHop-mäßig äußerst beliebten Baseballkappe ab (die allerdings – im zeitgemäßem Streetball- und Ghetto-Look – unbedingt verkehrtherum getragen werden muß!); Bsp.: *Dir ist wohl die Kappe verrutscht. Die* → *Mucke war dermaßen neben der Kappe.*

Karriero

meist abwertend – und nur solange man jung ist: jugendlicher Karriere-Vorzeigetyp, Phänotyp „Banklehrling“ = eine

Art „Yuppie" in spe (→ *Kragen,* → *Krawattendjango,* → *Schnieki*); vs. → *Egalo*; Bsp.: *Die Karrieros gehen mir schon lange auf den Sack.* Wem nicht?

Kattun (geben)

arab.-niederländ. „Kattun" = buntes Baumwollgewebe in Leinwandwebung; die Bedeutungsveränderung ist in diesem Fall geradezu abenteuerlich: „schlägern/sich prügeln" (vgl. → *abklatschen,* → *abklopfen,* → *frikassieren,* → *klatschen,* → *Klopfkonzert,* → *weichklopfen*); die semantisch-assoziative Verbindung zum arabischen Original rechtfertigt mehr als nur eine Dissertation; Bsp.: *Dem haben wir aber ganz ordentlich Kattun gegeben. Ich geb dir gleich eine Ladung Kattun.*

keckern (norddtsch./ostdtsch.)

1. dumm daherreden; 2. (eher selten): sich beschweren (vgl. → *blöken,* → *quarken,* → *opern,* → *wiehern*); jugendsprachlicher Rückgriff auf die animalischen Zorneslaute von Füchsen, Mardern und Iltissen; Bsp.: *Kecker mich hier nicht voll, Mann!*

keulen

1. arbeiten, eine schwere Tätigkeit verrichten (vgl. → *asten,* → *hinkeln,* → *wörken*); 2. schlägern, sich prügeln (wörtl. „die Keule schwingen" = um sich schlagen); 3. saufen, sich betrinken (vgl. Berlinerisch „Keule" = Schnapsflasche); vor allem bei berufstätigen Jugendlichen (etwa Handwerkern) in Gebrauch, die tagtäglich die „Keule" – sprich: den Hammer oder ein sonstiges Werkzeug – schwingen müssen; Bsp.: *Mann, ich hab das halbe Wochenende gekeult.*

Kick/kicken

1. das „gewisse Etwas", das schon die Altvorderen zu schätzen, aber so nicht zu benennen wußten; der spezielle Schwung (vgl. → *Drive*); 2. Durchtreten des Gaspedals bis zum Anschlag (beim sog. „Kavallierstart"); phonologisch

und graphematisch aus dem Englischen („Kick“ = Fußtritt, Stoß) übernommen, allerdings mit signifikanter Bedeutungserweiterung; seit dem Erfolgssong ‚Sie ist weg‘ der ‚Fantastischen Vier‘ oft auch in verbalisierter Form („Alles was mich *kickte,* von dem ich nie genug kriegte, laß ich lieber sein, denn ich fühl mich allein“); Bsp.: *Ich brauch einfach manchmal den gewissen Kick. Gib der Karre endlich mal einen Kick, Mann! Das kickt mich voll.*

Klapper

Mund; leitet sich von der Klapperschlange ab, die mit der Klapper *klappert*, bevor sie „loslegt“; Bsp.: *Du hast wohl was an der Klapper.*

Klapse/klapsig (→ verklapsen)

meist abwertend; Landeskrankenhaus, Nervenklinik, psychiatrische Klinik; auch: psychosomatische Ambulanz; leitet sich von dem umgangssprachlichen und altbewährten Terminus „Klapsmühle“ ab; Bsp.: *Der → Skeletti gehört doch in die Klapse. Du bist ja echt klapsig, → wa? Willst du mich verklapsen, → wa!*

klatschen (ostdtsch.)

Ausländer schlagen (vgl. → *abklatschen*, → *klopfen*, → *weichklopfen*); fast nur in der rechten bzw. rechtsextremen Jugendszene anzutreffen, vornehmlich in *Ossiland*; Bsp.: *Dem klatschen wir eine, daß der → Lack ab ist. Klatscht du mich, klatsch ich dich!*

klaufen

klauen, etwas mitgehen lassen, stehlen, (vgl. → *stauchen*, → *abgreifen*); Hybrid-Neubildung aus den Verben „klauen“ und „kaufen“, die den merkantilen Verfahrensweisen der bürgerlichen Gesellschaft ihre schillernde Zwiespältigkeit vor Augen führt; Bsp.: *Gestern hab ich mir einen → grellen → Brilli geklauft. Laß dich beim Klaufen bloß nicht → greifen.*

Klemmi

→ Oberklemmi

klemmig

bei Personen oder Sachen/Problemen: schwierig, verzwickt, verklemmmt; während die Standardsprache meist Adjektive substantiviert und sich dann über den bürokratischen Nominalstil beklagt, machen die Kids wieder mal ein Hauptwort kaputt („Klemme" – „klemmig"); Bsp.: *Mein → Zierfisch ist total klemmig. Was ist das denn für eine klemmige Session hier?*

Klipp-

Mist-, Unsinn-; zumeist als Vorsilbe gebraucht, die den zweiten Wortbestandteil spezifiziert: *Klipp-Schule, Klipp-Job, Klipp-Tussi.* Jugendliche nehmen eben kein Blatt vor den → *Rüssel* und sagen „klipp" (und klar), was Sache ist.

Klops (norddtsch.)

1. dicker Kerl, ein Bursche mit rundlicher Figur; 2. Kopf (auch in der Steigerungsform → *Überklops*); vor allem in Norddeutschland seit rund zwanzig Jahren ein unverwüstlicher Dauerbrenner; Bsp.: *Der Klops ist schon wieder → knille. Mein Klops ist voll.*

klopfen/Klopferei/Klopfkonzert

→ *Aussis* → *klatschen* gehen, jemanden verprügeln, eine → *Faxerei* (mit Ausländern) anzetteln (→ *abklatschen,* → *klatschen,* → *weichklopfen*; vgl. auch → *Knüppeltherapie*); makabre Bedeutungsveränderung, aber semantisch unproblematisch; Bsp.: *Ich bin bei jeder Klopferei dabei! Klopf mal wieder! Wann geben wir wieder mal ein Klopfkonzert?*

klunkern

niederdtsch. „Klunker" = Quaste, Klümpchen; jugendsprachlich: 1. Geld verlieren; 2. Geld ausgeben; vs. → *bunkern*; Bsp.: *Mann, ich habe meine ganzen Fliesen weggeklunkert. Nicht → bunkern, sondern klunkern!*

Kluppe

Dilemma, Zwangslage, Notsituation, schwierig zu meisternde Situation (vgl. mittelhochdeutsch „kliupe“ = Zange, Klemme); dialektale Anleihe mit inhaltlicher Umdeutung (in Bayern und Österreich ist die „Kluppe“ seit jeher schon umgangssprachlich als Wäscheklammer bekannt); Bsp.: *Ich bin ganz schön in der Kluppe, weil mich die → Promillologen neulich ohne → Fahrlappen eingesammelt haben.*

Kneipp-Kur

nicht etwa die Wasserbehandlung nach Sebastian Kneipp, sondern eine „Kur“ mit „Wässerchen“ der etwas anderen Art: „Kneipen-Tour“, Sauftour, Trinkgelage; Spaß muß sein, und ein Kater am Morgen ist besser als ein Kurschatten im Sanatorium; Bsp.: *Wie lange dauert denn normal die Kneipp-Kur bei deinem Alten? Machst du eine Kneipp-Kur mit? Ich könnte mal wieder eine Kneipp-Kur brauchen!*

knille (norddtsch./ostdtsch.)

1. lustlos/erschöpft sein (*ausgepowert, down, empty*); 2. betrunken sein, einen → *Schicker* in der → *Birne* sitzen haben; 3. pleite (→ *scholle, am Sand*); ursprünglich studentensprachlich als „knüll(e)“ belegt (vgl. Schuchardts ‚Studenticoses Conversationslexicon‘ aus dem Jahre 1825: „knülle leitet sich von (zer-)knüllen = zerknittern ab“); vor allem im Berliner und Leipziger Raum anzutreffen. Bsp.: *Seit Wochen bin ich total knille. Mein Säckel ist heute wieder mal ganz schön knille.*

knöttern (norddtsch./ostdtsch.)

(dumm daher-)reden (vgl. → *quarken*, → *opern*); vor allem im wortkargen Nord- und Ostdeutschland eine beliebte Alternative zu dem mittlerweile etwas abgedroschenen → *opern*; Bsp.: *Knötter mich nicht voll, Mann!*

Knüppeltherapie

Schlägerei (mit Holz- oder Schlagstöcken); die Vokabel signalisiert den jugendsprachlich oft feststellbaren Hang zum gepflegten Sarkasmus – und hält dadurch die Erwachsenen auf Distanz; analog zu Dagobert Ducks „Therapie"-Maxime „Leichte Schläge auf den Hinterkopf erhöhen die Denkfähigkeit"; vgl. → *Faxerei*, → *klopfen/Klopferei/Klopfkonzert*, → *knütteln*; Bsp.: *Ihr braucht wohl mal eine ordentliche Knüppeltherapie*, → *wa?*

knütteln (norddtsch./ostdtsch.)

schlägern, jemanden verprügeln (vgl. → *abklatschen*, → *klatschen*, → *klopfen*, → *weichklopfen*); sprachmorphologische Grundlage ist der im 16. Jahrhundert moderne „Knüttel-" oder „Knittelvers" (= vierhebiger Paarreim, bei dem sinntragende Silbe und Betonung nicht zusammenfielen); dem unbeholfen-schwerfälligen Klang entspricht derzeit der herbe Charakter dieser Form der Interaktion; Bsp.: *Die knütteln wir zusammen, daß es kracht. Haben sie dich geknüttelt?*

Knuffi (norddtsch.)

Schläger-(typ) mit Geber- und Nehmerqualitäten (kann „Knüffe" austeilen bzw. einstecken); der *Knuffi* verträgt so einiges, ohne daß er gleich *zusammenklappt*; leitet sich ab vom umgangssprachlichen „Knuff" (= Puff, Stoß, Schlag); Bsp.: *Schau dir den Knuffi an! Ich will doch keinen Knuffi als Macker!*

Kohlenkeller

Banksafe, Bankschließfach, Sicherheits- bzw. Geheimbereich eines Geldinstituts; beruht auf der Kombination zweier ursprünglich eigenständiger Substantive (= sog. „Determinativ-Kompositum"), wobei beide Wortbestandteile („Kohle" – „Keller") eine Bedeutungsveränderung erleben; Bsp.: *In den Kohlenkeller kommst du nicht so ohne weiteres rein! Der Kohlenkeller wird dauernd von* → *hohlen* → *Knuffis bewacht.*

Kolben

althochdtsch. „kolbo“ = Keule; 1. Kopf (vgl. auch → *Pfirsich*, → *Melone*); 2. Nase (vgl. auch → *Rüssel*); 3. Gewehr; 4. männliches Geschlechtsteil (vgl. auch → *Pfeife*); Anleihe aus dem Militärjargon („Gewehrkolben“) bzw. der Technikersprache („Kolben“ = ein Maschinenteil, das sich im Zylinder von Kraft- und Arbeitsmaschinen hin- und herbewegt, wobei Energie auf den Kolben übertragen bzw. abgegeben wird); stark kontextabhängig; Bsp.: *Ich glaub, mein Kolben qualmt. Nimm gefälligst deinen Kolben aus meinem Kuchen! Ich habe immer einen Kolben im Handschuhfach. Der Uli hat vielleicht einen Riesen-Kolben!*

koldern (norddtsch.)

vgl. mittelhochdeutsch „koldern“ = zanken, streiten; geringfügige jugendsprachliche Bedeutungserweiterung bzw. -veränderung: 1. streiten; 2. schmollen, beleidigt sein; 3. quatschen, reden; vgl. → *knöttern*; Bsp.: *Ich habe keinen Bock, mich mit dir zu koldern. Kolder jetzt nicht rum. Kolder mich nicht an,* → *Dandy.*

Konduktor

lat. „conducere“ = 1. zusammenführen, 2. anführen; jugendsprachliche Bedeutungsverengung auf 2. = Anführer, Bandenchef, Vorreiter (vgl. → *Mufti*); die Vokabel taucht in vergleichbarer Bedeutung bereits im 19. Jahrhundert studentensprachlich („Konduktor“ = Eisenbahnschaffner, Fahrzeugführer) auf und erlebt seit den 90er Jahren eine Renaissance mit ironischem Unterton; gelegentlich auch in seiner orig.-französischen Form *Kondukteur*); Bsp.: *Mimst du hier neuerdings den Kondukteur,* → *wa?*

Konfusi

lat. „confusus“ = verworren, durcheinander, verstört, „konfus“, aus der Fassung gebracht; jugendsprachlich meist liebevoll (selten negativ): Wirrkopf, Chaot; (meist männliche)

Person, die alles verwechselt; Bsp.: *Du bist neuerdings ein ganz schöner Konfusi. Halt die → Klapper, du → hohler Konfusi!*

Korrupti

lat. „corruptio" = 1. Verführung; 2. Bestechung, Korruption; 3. Verderbtheit, schlechter Zustand; in der Jugendsprache: 1. bestechliche Person; 2. Bestecher; der Typus an und für sich ist nichts Neues; die jugendsprachliche Endung „-i" hat Rainhard Fendrich mit „Tango Korrupti" (1991) salonfähig gemacht; Bsp.: *Machst du neuerdings auf Korrupti oder was? Was soll die Korrupti-Masche?*

Kragen

abwertend: Spießer, Langweiler, Ja-Sager; es gilt, wie so oft: „pars pro toto" (wörtl. = „Teil vom Ganzen"): man spricht vom *Kragen* und meint den ganzen Kerl, der sich damit ziert (vgl. → *Krawattendjango*); vor allem bei Schülern, die noch keinen Kragen tragen (müssen), in Gebrauch; Bsp.: *Was ist das denn für ein komischer Kragen? Schwirr → ab, du komischer Kragen!*

Krawattendjango

abwertend: 1. Büroangestellter, „Schreibtischtäter"; 2. Politiker, Funktionär (vgl. → *Kragen*); Bsp.: *Solche Krawattendjangos wie dich hab ich dick! Das hier wird alles von → beschlabberten Krawattendjangos regiert.*

Kritikalo

altgriech. „kritikos" = 1. (Kampf-)Richter, Beurteiler; 2. Deuter, Ausleger; in der Jugendsprache: 1. "ewiger Kritiker"; Person, die immer alles und jeden destruktiv kritisiert; 2. Zeitungsrezensent, Literatur-, Theater- oder Konzertkritiker; wortbildungsmäßig liegt eine Kontamination (= Wortverschmelzung) des an sich neutralen Substantivs „Kritik" mit dem semantisch eindeutigen Adjektiv „radikal(o)“ (ursprünglich aus lat. „radix, radicis“ = die Wurzel, der Stamm) vor; vor allem bei älteren Schülern und Studenten beliebt; Bsp.: *Die Kritikalos gehen mir auf den → Zeiger. So ein Profi-Kritikalo müßte man sein!*

krokofantös

hervorragend, phantastisch, unübertrefflich, besonders gut; syn. → *elefantös,* → *bombig*; einer der zahllosen jugendsprachlichen Schein-„Superlative“, der sich aus „Krokodil“ und „Elefant“ zusammensetzt; sprachgeschichtliche Wurzel ist übrigens einmal mehr das Altgriechische („ho krokodilos“ = Steinwurm, Eidechse; „ho phanos“ = Licht, Leuchte, Fackel, Laterne); ein „Krokofant“ wäre demnach eine „leuchtendes Kriechtier“ – das macht zwar keinen Sinn, klingt aber so gut, daß 10-15jährige damit nur so um sich werfen; Bsp.: *Das → Klopfkonzert war doch krokofantös, → wa?*

kultig

lat. „cultus“ = „Pflege, Bildung, Verehrung“; jugendsprachlich: 1. originell; 2. eigenwillig; vom religiösen „Kultus“ (= Riten, Prozessionen, liturgische Handlungen etc.) abgeleitetes Adjektiv, das mit Religiösem freilich nur wenig *am Hut* hat; *kultig* kann so ziemlich alles sein, was nicht gerade → *abgegessen* ist; Bsp.: *Guck dir den kultigen Typ an! Die Musik ist voll kultig.*

Kürbis

Kopf (vgl. → *Birne,* → *Melone,* → *Pfirsich*); wem hier Unrecht geschieht, muß – ganz ähnlich wie bei der → *Melone* – von Fall zu Fall entschieden werden; Bsp.: *Los, laß mal deinen Kürbis qualmen. Dem → Ösi pressen wir den Kürbis aus!*

Kurzer(r)

kleiner Junge (vgl. → *Abgebrochener,* → *Baby-Kid,* → *Bonsai*); herzuleiten von den „kurzen“ Körpermaßen; eine etymologische Affinität mit dem umgangssprachlichen „Kurzen“ (= Kurzschluß) liegt nicht vor – auch wenn die Kurzen hier und da einmal durchknallen; Bsp.: *Willst du wohl → abschweben, Kurzer! Gehören die Kurzen etwa zu deiner → Gang?*

Kutte

Jacke, Jackett, Mantel; tendenziell blasphemische jugendsprachliche Bedeutungsveränderung vom langärmligen Mönchsgewand mit Kapuze zum säkularen Kleidungsstück; vor allem bei Schülern beliebt, die auf *Outfit* gesteigerten Wert legen; Bsp.: *Leg doch mal die Kutte ab! Was hast du denn da für eine Kutte?*

L

Label-Lady

engl. „label“ = 1. Klebezettel, Schild(chen), Etikett; 2. Bezeichnung, Kennzeichen, Signatur; Mädchen, das auf Markenkleidung („label“) abfährt und sich hinter den Etiketten versteckt, weil sie nichts anderes zu bieten hat; Bsp.: *Was soll ich mit so einer Label-Lady? Paß bloß auf, Label-Ladies verbrauchen deine ganzen → Fliesen!*

Lack

Sanskrit „Lack“ = Farbe, Tönung; in der Jugendsprache: 1. in der Wendung *Lack ab*: altmodisch, „out“; 2. in der Wendung *alles im Lack*: alles in bester Ordnung; Bsp.: *Bei deinem → Zierfisch ist echt der Lack ab. Bei mir ist wieder alles im Lack.*

lackieren

eine besondere Art, Farbe ins Leben zu kriegen: 1. heftige Ohrfeigen austeilen, jemandem eine kräftige Backpfeife geben, schlägern/jemanden schlagen (vgl. → *polieren*); 2. jemanden an der Nase herumführen, „anschmieren“; eine Bedeutungsveränderung, die vor allem bei 18-25jährigen berufstätigen Jugendlichen gebräuchlich ist – warum, weiß keiner; Bsp.: *Den eingebildeten → Kragen wollten wir mal ordentlich lackieren. Wehe, wenn du mich lackierst.*

Lacko

„Lackaffe", Fatzke, eingebildeter Kerl; ein Prototyp des *Lackos* ist Walt Disneys Comicfigur Gustav Gans, dessen sprichwörtliches Glück bzw. Hybris seinen Vetter Donald Duck – den sprichwörtlichen Pechvogel – regelmäßig zur Weißglut bringt; die Endsilbe „-o" schont den „Affen", den die Erwachsenen gerne für ihre Beschimpfung einspannen, und reduziert den Aufwand, der um einen solchen Kerl getrieben werden muß; Bsp.: *Lackos wie dich hab ich absolut → grell dick. Mann, ist das ein abgeschlaffter Lacko!*

Lampe

1. Kopf (vgl. → *Birne*, → *Melone*); 2. in der Wendung *die Lampe ausschießen*: kampfunfähig machen, töten; 3. in der Wendung *nicht ganz knusper in der Lampe sein*: verrückt sein, spinnen, nicht (ganz) bei Trost sein; 4. in der Wendung *Kurzschluß in der Lampe*: einen → *Getriebeschaden* haben; die „Lampe" fungiert als Synonym für den menschlichen Kopf, den man – mit ein bißchen Glück – je nach Bedarf „ein- und ausschalten" kann.

Lappen

flapsige Bezeichnung für „Geldschein", „Scheck"; demonstriert schlagend das lässige Verhältnis zum Geld (vgl. auch *blaue* → *Fliese*); besonders beliebt bei Schülern, die noch keines haben und gerade deshalb irgendwie darüber reden müssen; Bsp.: *Spitz doch mal dein → Fossil → an, vielleicht drückt er doch noch mal ein paar müde Lappen → ab!*

Laus

1. in der Wendung *jemandem eine Laus in den Pelz/ins Fell setzen*: jemanden ärgern, zur Weißglut bringen, in (grund-

lose) Panik versetzen; 2. in der Wendung *eine Laus über die Nase laufen lassen*: sich Sorgen machen; als „Dauerbrenner" quer durch alle Altersstufen und soziale Schichten anzutreffen; Bsp.: *Dem Sheriff haben wir aber eine Riesen-Laus in den Pelz gesetzt,* → *wa? Laß dir nur keine Laus über die Nase laufen!*

Lernfossil

Schülerjargon: despektierliche Bezeichnung für „Lehrer", „Direktor"; der jugendsprachliche Vergleich mit dem Jahrtausende alten Urgestein („Fossil") sollte so manchem *abgeschlafften Schulsheriff* zu denken geben – wird es aber kaum tun, denn sonst wären sie ja keine → *Fossilien*; Bsp.: *Achtung, das Lernfossil ist im Anmarsch. Das alte Lernfossil kann mich mal . . .*

löffeln

etwas verstehen, begreifen, (geistig/verstandesmäßig) in sich aufnehmen; der gute alte ‚Büchmann' läßt grüßen und „die Weisheit mit Löffeln fressen" (vgl. → *belöffeln*); Bsp.: *Mittlerweile habe ich das gelöffelt. Oh Mann, das werde ich nie löffeln.*

Looser

engl. „to loose" = 1. sich (ab)lösen, loskommen, auflösen; 2. frei/befreit sein, locker/gelassen sein; 3. (etwas) verlieren, eine Niederlage einstecken; in der Jugendsprache Bedeutungsverengung auf „Verlierer, Versager, erfolglose Person mit Hang zum Mißgeschick"; vgl. vs. → *Lucky*; Bsp.: *Der Looser kann gleich wieder* → *abpfeifen.*

Lore

in Bergwerken und Steinbrüchen ein kleiner Schienenwagen zur Beförderung von „Schüttgut"; auf dem Schulhof meist in der Wendung *wie eine Lore Affen:* außer Rand und Band sein, ziellos umherlaufen, sich sehr ausgelassen gebärden (meist von älteren Jugendlichen verächtlich gegenüber jüngeren gebraucht); Bsp.: *Schau dir die → Kurzen an, die führen sich auf wie eine Lore geiler Affen!*

Lucky

engl. „lucky“ = 1. Glücks-, glücklich, zufrieden; 2. spaßig; 3. zufällig; jugendsprachliche Bezeichnung für „Glückspilz“ (= Bedeutungsverengung); vgl. vs. → *Looser;* Bsp.: *Ein Lucky müßte man sein! Mann, bist du aber ein Lucky!*

Luftballon

Kondom, Präservativ; lustbetonte Bedeutungsveränderung, die den jugendsprachlichen Hang zum humorigen Umgang mit schwierigen Dingen unterstreicht (vgl. auch → *Blasrohr,* → *Gummilutscher,* → *Plastiktüte,* → *Zipfelmütze*); Bsp.: *Wie viele Luftballons haben wir denn noch auf Vorrat? Wir müssen noch irgendwo ein paar Luftballons → stauchen.*

Luftnummer

nicht etwa ein spontanes → *Luftballon*-Spiel unter freiem Himmel, sondern ein flapsiges Synonym für „langweiliges Gerede“, Gequatsche (z. B. wenn jemand ständig *Müllsprüche → rausläßt*); Bsp.: *Diese Luftnummer kannst du dir echt sparen. Deine → hohlen Luftnummern kannst du dir an die → Schlappen stecken.*

M

mall/Mall (norddtsch.)

1. verrückt, durcheinander, versponnen; 2. “fertig“ sein, ausgepumpt; → *abgebaggert*; 3. betrunken, „voll“ sein; 4. als Substantiv (= „Mall“): großes Einkaufszentrum; sprachlicher Ursprung ist nicht das englische „mall“ (= Baumallee, Laubenpromenade), sondern die aus dem Niederländischen stammende Seemannsvokabel „Mall“ (= 1. Modell für Schiffsteile; Schiffsschablone; 2. als Adjektiv: gedreht, ver-

dreht); Bsp.: *Du bist wohl leicht mall? Mann, bin ich mall! Wann gehen wir wieder ins Mall?*

matschig

nicht ganz bei Trost/Verstand sein; eine → *matschige* → *Birne* ist logischerweise nicht mehr voll funktionstüchtig (vgl. → *hohl,* → *beschlabbert*); Bsp.: *Du bist wohl leicht matschig in der* → *Birne.*

Mattscheibe

arab. „matt" = schwach, kraftlos, glanzlos, niedergeschlagen; jugendsprachlich: „Blackout", kurzzeitige Schwächephase, plötzlicher „Aussetzer"; den Ursprung des Wortes kann man in den Anfängen des Schachspiels suchen, wo man sich gegenseitig „matt schiebt" (= „Schah mata"); Bsp.: *Hilf mir mal, ich habe gerade eine* → *grelle Mattscheibe.*

Mc-Job

Aushilfsjob, schlecht dotierter Job mit wenig Prestige, wenig Würde, wenig offensichtlichem Nutzen; leitet sich von den McDonalds-Restaurants her, deren Mitarbeiter bekanntlich für minimale Stundenlöhne aushilfsweise → *wörken*; bei der Mc-Generation überaus beliebte Vokabel; Bsp.: *Lange mache ich diesen Mc-Job nicht mehr. Mit diesem* → *beschlabberten Mc-Job kannst du mich wirklich nicht antörnen!*

Mega-Deal

altgriech. „mega" = „sehr", auch: „groß, lang, mächtig"/engl. „deal" = 1. Geschäft, Abkommen, Übereinkunft, Handel; 2. Handlung(sweise), Verfahren, System; in der Jugendsprache Bedeutungsverengung auf „Riesen-Geschäft, große (tolle) Sache"; Bsp.: *Den Mega-Deal ziehen wir noch durch, dann* → *rasanto ab durch die* → *Savanne.*

Melone

Kopf (vgl. → *Birne,* → *Kürbis,* → *Pfirsich*); es ist immer dasselbe: kaum ist etwas rund-oval, schon erinnnert es die Kids an das menschliche Denkgehäuse; Bsp.: *Ich* → *klopf dir gleich auf die Melone, du komische → Krawatte! Komm, schmeiß mal deine Melone an, du → Durchblickologe!*

Message

engl. „message" = Nachricht, Botschaft, Sendung, Mitteilung, Bescheid; jugendsprachlich in Richtung „konkrete Aussage/spezielles Anliegen, Philosophie" erweitert; über die Schüler- bzw. Studentensprache schon in den siebziger Jahren in den Kreis der „Verlegenheitswörter" eingegangen; sowohl bei → *abgeschliffenen* post-juvenilen *Yuppie*-Managern (z. B. in Werbeagenturen) als auch in Alternativ-Kreisen („Mann, wo bleibt die Message?") anzutreffen; Bsp.: *Der bringt überhaupt keine Message rüber. Was für eine Message steckt denn da dahinter? Welche Message wollen wir anbringen?*

meta-

altgriech. „meta" = 1. inmitten, (da)zwischen; 2. hinterher, hernach; 3. gemäß, entlang; potenzsteigerndes Präfix für zahlreiche Adjektiva (vergleichbar mit *mega-*): *meta-geil, meta-stark, meta-hart, meta-toll.*

Mikrofonprofessor

Sänger, Gesangsexperte; Kompositum zweier Substantive („Mikrofon – Professor") mit Bedeutungsveränderung des zweiten Wortbestandteils vom Wort- hin zum Gesangsexperten (kreiert von S.M.U.D.O., dem Sänger der ‚Fantastischen Vier'); seit 1995 bei Jugendlichen absolut → *hip*; Bsp.: *Der Smudo ist der ultimative Mikrofonprofessor. Du bist der bessere Mikrofonprofessor als ich, also mach du das mal.*

Milchtüte

1. Kind, Jugendlicher; eigtl. abwertend „Milchbubi"; 2. → *Weichei*, → *Weichling*, → *Windelei*; vor allem von älteren Jugendlichen gegenüber jüngeren verwendet: eine „Milchtüte" kann man leicht zusammenquetschen bzw.

→ *zusammenfalten*; Bsp.: *Von den Milchtüten laß ich mich doch nicht blöd anquatschen. Schwirr* → *ab, du Milchtüte!*

Miß Austauschbar

ziemlich despektierlich: „Nullachtfuffzehn-Frau“, „graue Maus“, Mädchen ohne besondere Originalität/Reize; vorzugsweise von → *metacoolen* männlichen → *Milchtüten* verwendet, die das am besten wissen.

Motte

vgl. mittelhochdtsch. „Motte“ = kleiner Schmetterling; jugendsprachliche Bedeutung für „häßliches Mädchen“ (vgl. auch → *Plötze,* → *Zunsel*). Merke wohl: Wer von „Motten“ spricht, muß selbst noch lange nicht das Licht sein, in dem diese Wesen gerne verbrennen würden; Bsp.: *Mit der Motte schwing ich mich doch nicht auf die* → *Piste. Die Motte soll* → *rapido* → *abpfeifen.*

Mr. Schniegelmann

meist negativ: Saubermann, geschniegelter → *Lacko,* → *Kragen*; die sprachliche Wurzel von „schniegeln“ stammt aus dem Niederländischen: „snijgheln/gesnieghelt“ = putzen/geputzt, herausgeputzt; das ironische „Mr.“ macht den Herrn zur definitiven Witzfigur; Bsp.: *Der Möllemann ist ein absoluter Mr. Schniegelmann.*

Mucke

(schlechte) Musik, gräßliches (atonales) Gejaule (z. B. „Fünfton-/Zwölftonmusik“); wohl Kurzform von Berlinerisch „Musike“; Bsp.: *Was ist das denn für eine bestußte Mucke? Auf so ’ne Mucke stehst du?*

Müllologe

gemeint ist nicht etwa der Mann von der Müllabfuhr, sondern jener private Müllexperte, der im Haushalt alle Abfälle fein säuberlich trennt und dabei auch noch Befriedigung zu empfinden scheint; gelegentlich auch als Bezeichnung für jemanden, der seinen gedanklichen „Müll“ gerne bei anderen ablädt (vgl. auch → *abmüllen*); Bsp.: *Diese Super-Müllologen gehen mir ziemlich auf den → Kürbis.*

Mufti

arab. „Mufti" = Meister, islamischer Rechtsgelehrter, Gutachter; in der Jugendsprache Bedeutungsveränderung: 1. wertfrei: Anführer, Boß, Chef; 2. abwertend: Angeber, Aufschneider, Wortführer, „Schlaumeier", Besserwisser; hauptsächlich bei älteren Schülern und Studenten gebräuchlich; Bsp.: *Wo ist denn hier der Mufti? Ist das euer neuer Mufti?*

Multi-Kulti-Gäng

vgl. lat. „multi culti" = viele Kulturen; engl. „gang" = Gruppe, Band; in der Jugendsprache Bezeichnung für eine Gruppe Jugendlicher, deren Mitglieder aus verschiedenen Nationen stammen (z. B. Türken und Deutsche); Bsp.: *In Berlin gibt es neuerdings ein paar geile Multi-Kulti-Gängs, find ich echt voll stark. In den Multi-Kulti-Gängs geht voll der Bär ab.*

N

Naffel/naffeln

1. Langeweile/sich langweilen; 2. ein spießiges Verhalten an den Tag legen. Neologismus, dessen etymologische Wurzeln gerade mal bis Udo Lindenberg zurückreichen (vgl. sein Buch „El panico", 1992); verbreitet sich auch in Wortzusammensetzungen wie *Büro-Naffel, Naffel-Nob, Naffel-Tante* usw.; besonders in Schüler- und Studentenkreisen → *trendy*; Bsp.: *Das ist ein richtiger Naffel-Job hier! Naffel mich nicht voll! Naffel-Naffel!*

Naffel-Karaffe

Nobelglas, wertvolles Besteck/Geschirr/Porzellan (vgl. auch → *Naffel*); Bsp.: *Paß bloß auf, daß du die Naffel-Karaffe von meinen → Dinos nicht kaputtmachst.*

naß(machen)

1. sich (unnötig) aufregen; 2. jemanden reinlegen, ärgern/jemanden ans Bein → *pinkeln*; Bsp.: *Mach mich bloß nicht naß! So ein* → *Pisskopf macht mich doch nicht naß! Willst du mich naßmachen?*

Neutralo

altgriech. „Neutrum" = Sache; in der Jugendsprache Bezeichnung für eine Person, die sich sachlich bzw. neutral (= unparteiisch) verhält; oft Bezeichnung für den *schwarzen* → *Dösi* (= Schiedsrichter) im Sportgeschehen; Bsp.: *Du* → *Windei kannst nicht immer nur den Neutralo spielen! Der Neutralo pfeift heute wieder einen Stuß zusammen!*

nibbeln

1. (be)nagen, knabbern; 2. stanzen, (heraus)stechen; 3. abbeißen; 4. tadeln, bekritteln; 5. lustlos im Essen herumstochern; eingedeutschtes Lehnwort (engl. „to nibble") bzw. jugendsprachliche Anleihe aus dem Technikerfachjargon; vgl. → *abnibbeln*; Bsp.: *Du nibbelst jetzt schon stundenlang an deiner Semmel rum! Nibbel das doch mal raus hier! Willst du von meinem Brot abnibbeln? Nibbel mich nicht an, ja!*

nölen (norddtsch./ostdtsch.)

synonyme Bezeichnung für umgangssprachlich „grölen"; oft mit Präfixen (z. B. *rum-nölen, zu-nölen, voll-nölen*). Herkunft unsicher; vor allem in Nord- und Ostdeutschland anzutreffen; Bsp.: *Nöl hier nicht rum, Mann!*

Nuckelpinne (norddtsch.)

engl. „pin" = (Steck-, Haar-, Hut-, Krawatten-)Nadel, Stift; 2. Dübel, Bolzen, Pflock; in der Jugendsprache seit rund zwanzig Jahren Dauerbrenner-Bezeichnung für „kleines Auto/Kleinwagen" (wörtlich genommen ist eine *Nuckel-*„Pinne" ein *Saug-Stift*); Bsp.: *Diese* → *beschlabberte Nukkelpinne soll ich dir abkaufen?*

nudeln (ostdtsch.)

(liebloses) Runterrattern von Musik oder Texten (z. B. Gedichte großer Dichter); oft mit diversen Vorsilben (*runter-nudeln, voll-nudeln, zu-nudeln*); vornehmlich bei jungen → *Ossis* anzutreffen; Bsp.: *Nudel den Goethe einfach ab. Wenn der → Silbenstecher dich fragt, nudel einfach den ganzen Schrott herunter! Hör auf, mich vollzunudeln!*

Nullchecker

sollten gleich zum nächsten Artikel übergehen. Für alle anderen: lat. „nullus" = kein(er); engl. „to check" = Einhalt gebieten, ermahnen, sperren, kontrollieren; in der Jugendsprache: 1. „Blitzmerker", begriffsstutzige Person; 2. Schiedsrichter, Unparteiischer; jemand, der absolut → *null checkt* (vgl. → *Bodenturner*, → *Denkzwerg*, → *Dünnbrettbohrer*, → *Dumpfbacke*, → *Flachkopf*); vs. → *Schnelldurchblicker*; Bsp.: *Du bist der volle Nullchecker.*

null

schon wieder lat. „nullus" = kein, keiner; jugendsprachlich in den verschiedensten Wendungen, z. B. *null Fisch ziehen* = nichts ausrichten (können), versagen; *null bemoost* = bettelarm, pleite; *null checken* = überhaupt nichts begreifen; → *Nullchecker.*

O

oberaffengeil

das ist Ihnen schon mal irgendwo begegnet. Trotzdem und zur Erläuterung: vor allem bei 12-18jährigen → *Jungtieren* sehr beliebte bundesweit gebräuchliche Steigerungsvokabel, die *geil* bzw. *affengeil* allerorten abgelöst hat; versinnbildlicht die Superlativierungstendenzen des Schülerjargons; Bsp.: *Das neue Lexikon der Jugendsprache ist oberaffengeil und heißt auch noch so!*

Oberanturner/-törner

„Animierfritze", Animationskünstler; die Vokabel hat nichts mit „turnen" zu tun, sondern leitet sich vom eingedeutschten „törnen" (engl. „to turn" = sich wenden) ab; ursprünglich in der angloamerikanischen Slum- und Rauschgiftszene beheimatetes Wort mit subversivem Charakter („to turn my dope"); mittlerweile quer durch alle jugendlichen Altersstufen gebräuchlich; Bsp.: *Du bist ja ein richtiger Oberantörner hier. Die könnten auch mal einen → schrillen Oberantörner brauchen in dem → hohlen Laden hier.*

oberdoll (ostdtsch.)

hervorragend, phantastisch, sehr gut/schön, überaus eindrucksvoll; Steigerung des ursprünglich Berlinerischen *doll* (eigentlich: „toll") durch die Vorsilbe „ober-"; vor allem in der Berliner Gegend und bei ostdeutschen Jugendlichen anzutreffen; Bsp.: *Die Tante ist ja oberdoll.*

Oberklemmi

abwertend: 1. (sexuell) sehr verklemmte/prüde Person; 2. allgemein: „Spießer" (vgl. → *Kragen*, → *Krawattendjango*, → *Schnieki*); in Jugendkreisen gilt der Oberklemmi als absoluter Außenseiter (die jugendsprachentypische Endung „-i" ist keine Koseform, sondern die Strafe: ein *Oberklemmi* verdient es nicht besser; Bsp.: *Was will denn der Oberklemmi hier? Was findest du denn an dem Oberklemmi?*

Oberzack

1. als Substantiv: Person, die *voll gut drauf* ist; schlauer Fuchs; 2. prädikativ in der Formel *auf Oberzack sein*: flink/schlau/gewieft, → *gefinkelt* sein; da es Jugendlichen nicht genügt, bloß „auf Zack" zu sein, wird eben mal schnell die Vorsilbe „ober-" ergänzt; Bsp.: *Die Fantastischen Vier sind doll auf Oberzack.*

opern

lat. „operare" = arbeiten, beschäftigt sein, eine ernste Tätigkeit erledigen; in der Jugendsprache Bedeutungsveränderung: weitschweifig daherreden, quatschen, dummes, langweiliges Zeug reden; besonders beliebt bei den 13-18jährigen, die das alles richtig einschätzen können; diverse Vorsilben möglich (z. B. *rum-opern, zu-opern, voll-opern, zusammen-opern*); Bsp.: *Oper hier nicht rum! Oper mich nicht voll!*

optimalo

lat. „optimus“ = der beste, feinste, reichste, größte; jugendsprachliche Aufweichung zum allgemeinen „Superlativ“: unübertrefflich/unübertroffen, sehr gut, bestmöglich, hervorragend, grandios, bestens; auffällig ist wieder mal das jugendsprachentypische Suffix „-o“ – nur daß es hier einmal nicht der Sprachökonomie dient, sondern dem sachlich-spröde klingenden „optimal“ eine „coole“ Note verleiht; in akuten Notfällen mit weiteren Steigerungspartikeln (z. B. *voll optimalo, echt optimalo, absolut optimalo*). Schier genialo.

ödig

langweilig; → *abgegessen, abgemackert* (vgl. → *anöden*); das konventionelle „öde“ (= trist) stand für diesen Neologismus Pate und erkennt sich vielleicht sogar darin wieder; Bsp.: *Mir ist so ödig heute. Ist dir auch so ödig?*

Ösi/Östi

Abkürzung für „Österreicher“; die Wortbildung funktioniert analog zu vielen anderen Substantiven, deren erster Wortteil mit „-i“ oder „-o“ suffigiert wird, um eine jungdynamische Straffung des Wortes zu erzielen: der *Ösi* erfährt jugendsprachlich oft Zusätze: *Ösi-Bomber, Ösi-Klopfer, Ösi-Pfeife*; Bsp.: *Haut die Ösis auf den Kürbis! Die Ösis sind echt → hohl.*

Ossi

meist abwertend: Ostdeutsche(r) (vgl. → *Ösi*, → *Wessi*, → *Zoni*); die Endsilbe „-i“ will Kreativität zum Ausdruck bringen, hat damit aber manchmal Probleme; Bsp.: *Die Ossis → löffeln überhaupt nicht, was abgeht. Die Ossis sind doch von vordergestern.*

P

Pampe

1. schlechtes Essen, „Fraß"; 2. Stiefel, hoher Schuh; von „Tatort"-Schmuddelkommissar Horst Schimanski (alias Götz George) mit Vorliebe verwendet; Bsp.: *Was ist denn das für eine Pampe? Wer soll denn diese Pampe fressen? Meine ganze Pampe ist voll Wasser!*

Pappnase

abwertend: Witzfigur, nicht ganz ernst zu nehmende Person; während der *Normalo* die Pappnase nur im Karneval bzw. Fasching aufsetzt, trägt die „echte" *Pappnase* ihren inkompetenten → *Rüssel* ständig zur Schau; Bsp.: *Was ist denn das für eine → hohle Pappnase? Die → Ösis sind für mich alles Pappnasen.*

para-

altgriech. „para" = 1. über, hinaus, daneben, vorbei; 2. bei, neben, von ... her; 3. in der Nähe von; 4. während, bei; in der Jugendsprache Bedeutungsverengung auf all jene Dinge, die jenseits der (gesellschaftlich akzeptierten) Norm liegen; allerorten sehr beliebt, da hinreichend interpretationsfähig; Bsp.: *Die → Mucke ist ja voll para. Der neue → Mufti ist para.*

Peanuts

engl. „peanut" = 1. Erdnuß; 2. "kleiner Fisch"; 3. kleines „Würstchen" (= unbedeutender Mensch); in der Jugend- wie in der Bankersprache: Kleinigkeit, Kleingeld, geringer Geldbetrag; der „Deutsche-Bank"-*Häuptling* Kopper, der 1994 fünfzig Millionen Mark Schaden in der berühmt-berüchtigten „Schneider"-Affäre öffentlich als „peanuts" definierte, hat das Wort salonfähig gemacht; mittlerweile ins Ironische umgebogen; Bsp.: *Mann, das sind nur ein paar Peanuts. Die paar Peanuts wirst du doch irgendwo* → *klaufen können.*

pfauchen (süddtsch./österr.)

1. stöhnen, aus dem letzten Loch pfeifen, klagen, sich beklagen; 2. schimpfen; jugendsprachliche „Wiederentdekkung" bzw. Umdeutung (laut ‚Duden' meinte „pfauchen" zu Beginn unseres Jahrhunderts in Süddeutschland und Österreich das „Fauchen" des frisch angezündeten Ofens); Bsp.: *Was pfauchst du denn dauernd? Ich kann echt nicht pfauchen.*

Pfeife

1. liederliche Person, Langweiler, „Pfeifenkopf"; 2. männliches Geschlechtsteil (vgl. → *Kolben,* → *Rübe,* → *Rüssel,* → *Wunderhorn,* → *Zapfen*); 3. Backpflaume, Ohrfeige; 4. Sportjargon: Fußballer, der das Tor nicht trifft; 5. in der Formel *in der Pfeife rauchen*: jemanden/etwas abschreiben/ „vergessen" (können); von der Orgelpfeife abgeleitet; Bsp.: *Du bist vielleicht eine Pfeife! Hat der aber eine lange Pfeife! Ich hau dir gleich eine Pfeife rein! Der Klinsmann ist doch die totale Pfeife! Die* → *Polit-Popper kannst du echt in der Pfeife rauchen!*

Pfirsich

Kopf (vgl. → *Birne,* → *Melone*); wer so genannt wird, hat nichts zu lachen; d. h. der → *hohle Pfirsich* steht für die ganze Person; Bsp.: *Mann, bist du ein hohler Pfirsich. Du hast wohl ein Loch im Pfirsich!*

Pickelhering (norddtsch.)

bewundernd: 1. Spaßvogel, Witzbold (vgl. → *Bajazzo,* → *Gecko*); 2. abwertend: Jüngling mit starker Akne im Gesicht; welche der beiden Bedeutungen gemeint ist, läßt sich meist nur aus dem Kontext erschließen; im Hausfrauenjargon ist der *Pickelhering* ein eingepökelter Fisch; Bsp.: *Der Udo ist echt ein* → *greller Pickelhering. He, Pikkelhering, rück mal rüber!*

pickepacke

Verstärkungspartikel; offenbart den jugendsprachlichen Hang zur Wortspielerei und superlativiert alles und jedes; bei älteren Jugendlichen weniger beliebt, da sich zunehmend auch Erwachsene der Vokabel bedienen – besonders die Moderatoren-*Schniekies* der SAT 1-Sportshows „ran" und „ranissimo"; vgl. → *rippel-rappel*; Bsp.: *Unsere Sendung ist wieder pickepacke voll. Ich war gestern pickepacke voll (= betrunken).*

pi(c)ko-pi(c)ko

ital. „pico" = spitzig, spitz-; jugendsprachlich in Anlehnung an die Umgangssprache („picobello"): ganz besonders fein, ausgezeichnet; Bsp.: *Der Urlaub war echt picko. Picko-Picko, dieses Picknick.*

piefig (norddtsch.)

zwiespältig, bewundernd: gewieft, schlau, gerissen; leitet sich von „Piefke" (= Berliner Junge) ab; die Adjektivierung eines Substantivs durch das suffix „-ig" findet sich jugendsprachlich neuerdings immer häufiger (vgl. → *bombig*, → *klemmig*, → *matschig* usw.); Bsp.: *Die Tanja ist echt ein piefiges Mädchen.*

pinkeln

nicht etwa „urinieren", sondern (zumeist in der Wendung *ans Bein pinkeln*): auf den Arm nehmen, sich über jemanden lustig machen, jemanden verarschen; oftmals auch mit dem gewichtigen Präfix „an-" (*anpinkeln* = jemanden ärgern, „dumm" kommen); Bsp.: *Den* → *Gringos haben wir ganz schön ans Bein gepinkelt. Willst du mich vielleicht anpinkeln,* → *wa?*

pippen

engl. „to pip“ = 1. schlagen, abknallen; 2. Computerjargon: auf eine andere Diskette kopieren; in der Jugendsprache: 1. (einem anderen) etwas erklären; 2. (selbst) etwas verstehen; leitet sich ab von dem Computer-Befehl „PIP“ (= „Periphere Interchange Program“); von männlichen Computer-*Kids* (13-18jährige) häufig verwendete Vokabel, die von Mädchen dagegen rigoros abgelehnt wird; Bsp.: *Kannst du mir das nicht mal 'ne Ecke cooler pippen? Das hab ich voll gepippt.*

Piste

1. Kneipen- bzw. Discostraße; 2. Bett, Matratze; quer durch alle jugendlichen Altersstufen und sozialen Schichten anzutreffen; Bsp.: *Du warst aber lang nicht mehr auf der Piste? Wieder mal auf der Piste? Ich glaub, ich hau mich jetzt mal ein paar Minuten auf/in die Piste.*

Plastiktüte

Kondom, Präservativ; gibt weder AIDS noch sonst etwas eine Chance (vgl. auch → *Blasrohr,* → *Gummilutscher,* → *Luftballon,* → *Zipfelmütze*); Bsp.: *Hast du auch an die kleinen Plastiktüten gedacht. Ohne Plastiktüte läuft bei mir überhaupt nichts, claro?*

plätschern

negativ: (dumm bzw. langweilig) daherreden; viel reden, aber nichts „sagen“; quasseln; (vgl. → *opern,* → *quarken,* → *blubbern*); oft auch in der spielerischen Doppelform *plätscher-plätscher (vgl.* → *Blubber-Blubber*) oder als Substantiv (*Geplätscher,* → *Geblubber*); (seichte) Gespräche *plätschern* meist endlos dahin; Bsp.: *Heute plätschern wir aber nur rum. Was soll das Geplätscher!*

Plötze

häßliches Mädchen (vgl. → *Motte,* → *Zunsel*); jugendsprachliche Anleihe aus der „Nordsee“; die „Plötze“ ist ein bis zu dreißig Zentimeter langer Weißfisch mit roten Flossen, „Rotauge" genannt; wer will so etwas schon neben sich haben? Bsp.: *Was, mit dieser Plötze willst du auf die → Piste gehen.*

Plunze

klingt übel und ist abwertend: dicke, schwerfällige (meist weibliche) Person; laut ‚Duden' bedeutete „Plunze" in Süddeutschland lange Zeit nichts anderes als „dicke Blutwurst"; die Bedeutungsveränderung liegt auf der Hand bzw. auf dem → *Teller*; Bsp.: *Mann, ist das eine Plunze!*

polieren

jemanden verprügeln, eine Schlägerei anzetteln (vgl. → *abklatschen,* → *klatschen,* → *klopfen,* → *weichklopfen,* → *lakkieren*; vgl. auch → *Politur*); was dem Familiensilber recht ist, kann dem nächstbesten Ekelpaket nur billig sein; Bsp.: *Die → Gringos müssen wir mal wieder richtig polieren! Denen polieren wir die → Freßleiste!*

Polit-Popper

abwertend: Politiker (= Anspielung auf das korrekte, gepflegte und von Jugendlichen als übertrieben empfundene *Outfit* unserer Staatsmänner, sogenannter → *Schniekies*); Bsp.: *Die Polit-Popper kannst du echt den → Bach runterspülen.*

Politur

Schlägerei, Aufruhr; → *Faxerei,* → *Klopfkonzert,* → *polieren*; laut Fremdwörder-‚Duden' bedeutete „Politur" im 19. Jahrhundert „glanzvolles Benehmen" – damit aber ist es mittlerweile vorbei; Bsp.: *Den → Faschos sollte man mal wieder eine Politur verpassen.*

prall

kann so ziemlich alles bzw. jeder sein, was (bzw. wer) von Jugendlichen als *uncool, ungeil, ätzend, unhippig, untrendig* usw. empfunden wird, meist in den Bedeutungen „langweilig, spießig, doof, dämlich"; der eigentliche Wortsinn („prall" = voll, stramm; derb, kräftig) wird umgedeutet; trotz peinlicher Nähe zur Umgangssprache erfreut dieses Wort sich weit und breit unverminderter Beliebtheit, vor allem bei Schülern/innen; Bsp.: *Die Ulla ist aber echt (voll) prall. Echt prall, das → Geplätscher. Du → blubberst heute absolut prall daher.*

presto

jugendsprachliche Entlehnung aus dem Italienischen: „presto" = schnell, rasch, sofort (häufig auch in der Steigerungsform *prestissimo*); verleiht der Sprache beats-per-minute – weil nämlich ein Rückgriff auf den Musikerjargon („presto" meint hier ein „schnelles Spieltempo", z. B. bei einer Klaviersonate); Bsp.: *Presto-Presto, Amigo!*

priesterlich

tja, – besserwisserisch; meist in der Wendung *auf priesterlich machen*: sich (als Moralapostel/Besserwisser) aufspielen, sich mit „erhobenem Zeigefinger" mokieren; die Gottesmänner haben halt einen schweren Stand in unseren modernen Zeiten; Bsp.: *Mach hier nicht auf priesterlich, Mann! Spiel dich hier nicht priesterlich auf!*

Proll

abschätzig, gelegentlich gar als Schimpfwort: 1. Prolet, Arbeiter; 2. Asozialer, Penner; 3. allgemein: Trottel, Blödmann, Dummkopf; ursprünglich leitet sich der „Prolet" vom lateinischen „proles" (= Nachkommen) ab; ein echter jugendsprachlicher „Hit" ist die Vokabel seit dem Erfolgssong der Rockgruppe „Prollhead" („Deep Purple"-Parodie „Rauch auf dem Wasser", 1995); schwerpunktmäßig bei Jugendlichen der „besseren Kreise" zu hören, die sich selbst für die neue *Power*-Elite halten; Bsp.: *Mit den Prolls haben wir nichts am Hut. → Schwirrt ab, Prolls!*

Promillologe

1. Gewohnheitstrinker, Säufer; 2. Verkehrspolizist „mit Blasröhrchen"; die ursprünglich aus dem Altgriechischen stammende Vokabel bedeutet wörtlich: „Person, die mehr als ein Tausendstel denkt" – das ist mittlerweile in Vergangenheit geraten, weshalb unter 1. und 2. noch weniger gedacht wird; Bsp.: *Bis du neuerdings ein Promillologe?*

Protzbunker

meist negativ: 1. luxuriöse Villa; 2. großer Gebäudekomplex; Bsp.: *Deine → Dinos haben sich aber einen irren Protzbunker → abgegriffen. Da haben die → Polit-Popper wieder so einen Protzbunker hingestellt.*

Puderant (österr.)

männliche Person, die bei jeder sich bietenden Gelegenheit den Geschlechtsverkehr ausführt (auch umgangssprachlich in Verwendung); das Verb „pudern" ist in dieser Bedeutung übrigens bereits zu Zeiten der legendären Josefine Mutzenbacher in Wiener Studentenwörterbüchern verzeichnet, nicht jedoch in der zeitgeistig substantivierten Form; Bsp.: *Der Georg ist ein Puderant. He, hältst du mich für einen Puderanten, oder was?*

punchen

engl. „punch" = 1. Schlag, Wucht; 2. Dorn, Lochzange; in der Jugendsprache ausschließlich als Verb: 1. schlägern (vgl. → *klopfen,* → *frikassieren,* → *frottieren,* → *polieren,* → *lakkieren*); 2. im sportlichen Bereich: siegen, gewinnen; Bsp.: *Heute punchen wir mal wieder die → Ösis.*

Puppi(e)

armer Großstadtmensch; steht für „**p**oor **u**rban **p**rofessional", also jene Guppe von Personen, die trotz durchschnittlichen Einkommens über die Armutsgrenze (wegen hoher Mieten und Unterhaltskosten) kaum hinauskommen; das Wort – ein sog. „Kumulativ-Kompositum" – macht mit den

Menschen genauso kurzen Prozeß wie die Sozialpolitik; vgl. auch → *Fruppie*, → *Skippi(e)*.

Q

quarken

„Quark" (= Unsinn) reden, langweiliges Zeug verzapfen, (daher-)quatschen; → *opern*; ob die jugendsprachennotorische Bedeutungsveränderung Rückschlüsse zuläßt auf die verbreitete Wertschätzung hochwertiger Milchprodukte? Jedenfalls ist die Grenze zur Umgangssprache schon fließend; sehr oft mit verstärkenden Vorsilben (*an-quarken, be-quarken, nieder-quarken, zu-quarken, voll-quarken*); Bsp.: *Mußt du eigentlich die ganze Zeit quarken?*

Quatsche/Quatschi

weniger bei Teenies als vielmehr bei gereiften „Post-Adoleszenten", etwa in Studentenkreisen, gebräuchlich; jugendsprachliche Variante des standardsprachlichen „Quatsch"; Bsp.: *Mann, die Andrea ist vielleicht eine Quatsche! Hör mit dieser Quatsche auf! Ich hab schon wieder diesen Quatschi im Ohr.*

R

Radikalo/radikalo

lat. „radix" = Wurzel; in der Jugendsprache meist bewundernde Bezeichnung für eine Person mit „radikalen" (d. h. an die Wurzeln gehenden) Ansichten/Vorschlägen; gelegentlich in der adjektivischen oder adverbialen Version (*radikalo*); die italienische Endsilbe signalisiert das besondere anarchische Element; Bsp.: *Du bist ja ein richtiger Radikalo. Die → Ösis gehören → geklopft, aber radikalo.*

ransegeln

sich ranmachen, jemanden *anmachen*; zeitgeistige Version der guten alten Freddy Quinn-Masche; vor allem bei jüngeren Teenies im Gebrauch; Bsp.: *An den Giftzahn würde ich gar nicht erst ransegeln.*

rapido

span. „rapido" = schnell; jugendsprachliche Übernahme in Form und Bedeutung: schnell, eilig, flink; vgl. → *rasanto*, → *Achokaracho*; Bsp.: *Rapido ab durch die Mitte.*

rasanto

vgl. lat. „radere/rasi" = 1. vorbeisegeln, hinwegspülen; 2. (sich) rasieren; 3. (den Erdboden) streifen; in der Jugendsprache: (sehr) schnell, schneidig, flott; was in der Umgangssprache schon lange gebräuchlich ist, wird durch das Suffix „-o" notdürftig aufgemotzt (vgl. → *rapido*, → *Achokaracho*); Bsp.: *Nach dem Klopfkonzert haben wir aber rasanto die Kurve gekratzt.*

rauslassen

1. in der (sehr beliebten) Formel *einen Müllspruch rauslassen*: Unfug erzählen, Unsinn (daher)reden, Blödsinn verzapfen, *Dünnschiß labern* (vgl. → *ablassen*); 2. in der Wendung *den Larry/die Sau rauslassen*: einen drauf machen, sich gehen lassen; 3. *sich rauslassen*: sich selbst verwirklichen; Bsp.: *Laß doch zur Abwechslung mal was Vernünftiges raus! Neulich haben wir aber richtig den Larry rausgelassen. Laß dich doch mal richtig raus!*

raussprengen (sich)

abhauen, entkommen, weglaufen, fliehen; vom Fliegerjargon abgeleitet (der Pilot kann sich bei Gefahr mit dem Schleudersitz aus dem Cockpit „raussprengen"); schwerpunktmäßig bei 13-18jährigen männlichen Jugendlichen, die noch überall das Abenteuerliche suchen und herbeireden; Bsp.: *Ich konnte mich gerade noch rechtzeitig raussprengen.*

raven

das Verb zum Dauertanz, zum „Rave“, dem mehrtägigen Tanzfieber der → *Techno-Kids*; (durch)tanzen, bis einem der → *Kürbis* platzt; wer abschlafft, erholt sich in einer der auf Parties meist vorhandenen „Chill out Areas“. Erst gegen zehn Uhr früh findet der „Raver“ Ruhe, fault vor sich hin und → *verdröselt* den Tag – denn abends ist die nächste Runde angesagt.

Rhythmuspräsident

Schlagzeuger, Percussionist; jugendsprachliche Übersteigerung, die dem Diktat der „beats per minute“ (bpm) durch die Titulierung angemessen Rechnung trägt; (vgl. → *Mikrofonprofessor*); Bsp.: *Die Band hat echt einen → schrillen Rhythmuspräsidenten.*

ribbeln (norddtsch.)

1. jemanden austricksen, übers Ohr hauen (vgl. → *austakten*); 2. jemanden auf den Arm nehmen, zum Narren halten, „verarschen“; nachvollziehbare Bedeutungsveränderung des (vor allem) in Norddeutschland verbreiteten „ribbeln“ (= zwischen Daumen und Zeigefinger reiben); Bsp.: *Von euch → Promillogen laß ich mich nicht ribbeln. Willst du mich ribbeln, → wa?*

rippel-rappel (voll)

→ pickepacke

robotern

von russ. „rabotaj“ = arbeiten, schaffen; kreative jugendsprachliche Ableitung vom „Roboter“, der in vielen Bereichen bereits die menschliche Arbeitskraft ersetzt; natürlich vor allem im Jargon bereits beruftstätiger Jugendlicher; Bsp.: *Robotern ist angesagt, Kumpels! Mann, hab ich das ewige Robotern satt!*

Rolle

1. in der Wendung *von der Rolle sein*: daneben stehen, „neben sich“ stehen, einen Aussetzer haben; 2. in der Wendung *eine (flinke) Rolle machen*: abhauen, fliehen, entkommen, ausschlitzen; 3. in der Wendung *etwas auf die Rolle kriegen/auf der Rolle haben*: etwas (schnell) kapieren, verstehen (vgl. → *löffeln*); 4. in der Wendung *jemanden auf die Rolle nehmen*: jemanden auf den Arm nehmen, zum Narren halten, anschmieren (vgl. → *einseifen*, → *austakten*, → *ribbeln*); 5. in der Wendung *auf die Rolle gehen*: sich die Nacht um die Ohren schlagen, sich auf die → *Piste* schwingen; wie man sieht: eine sehr vielseitige jugendsprachliche Vokabel; Bsp.: *Der → Nullchecker ist wieder mal von der Rolle. Die → Ossis haben eine flinke Rolle gemacht. Sekunde, so → rasanto krieg ich das nicht auf die Rolle. So → schrill hat mich schon lange kein → Gecko mehr auf die Rolle genommen. Wir gehen jeden Samstag auf die Rolle.*

Rübe

1. Kopf; 2. Nase; 3. männliches Geschlechtsteil (vgl. → *Kolben*, → *Pfeife*, → *Rüssel*, → *Wunderhorn*, → *Zapfen*); erklärt sich selbst, in jeder Hinsicht – man muß nur die Augen aufmachen; Bsp.: *Schmeiß endlich mal deine Rübe an! Mit meiner Rübe rieche ich kilometerweit. Hol deine Rübe endlich aus der Hose!*

Rührschinken

abwertend: „Schnulze“ (Film, Buch oder Schallplatte/CD); recht gewagte jugendsprachliche Bedeutungsveränderung, die ihre Semantik vom „Schinken“ im Sinne eines dicken, breitangelegten Buches (→ plattes, glattes Epos) bezieht; Bsp.: *Dieser Rührschinken geht mir langsam auf den Zeiger.*

Rüssel

1. Mund, Sprechorgan; 2. Nase, Riechorgan (vgl. → *Kolben*); 3. männliches Geschlechtsteil (vgl. → *Kolben* → *Pfeife*, → *Rübe*, → *Wunderhorn*, → *Zapfen*); der Rüssel des Ele-

fanten dient vielen Zwecken – aber eigentlich nie zum → *Zapfenstreich*; gelegentlich auch in verbalisierter Form (*rumrüsseln* = 1. dummes Zeug reden, Unsinn verzapfen; 2. laut schreien, herumkommandieren, durch Lautstärke auf sich aufmerksam machen); Bsp.: *Halt gefälligst deinen vorlauten Rüssel! Nimm deinen Rüssel aus meinem Tee! Mann, hat der einen Riesen-Rüssel!*

rumkommen

nicht etwa „weit herumkommen", sondern „als Ergebnis herauskommen", resultieren; eine der Lieblingsvokabeln der ‚Fantastischen Vier', deren Rap zum ‚Duden' vieler Jugendlicher avanciert ist; Bsp.: *Was kommt dabei schon rum?*

rumschnüren

→ *rasanto* (Auto) fahren; früher wurden die Siebenmeilenstiefel „geschnürt", heute legt die Jugendsprache einen Zahn zu; Bsp.: *Schnüren wir doch mal wieder ein bißchen auf der → Piste rum.*

rumsteppen

engl. „to step" = gehen, schreiten; in der Jugendsprache verfeinert zu 1. (gelangweilt) umhergehen, sich (eher ziellos) fortbewegen; 2. wandern; aufgeschnappt bei einer Berliner Schulklasse in El Arenal de Mallorca, wo rund um die Uhr *der Bär nur so abgeht*; wer hier nur mal eben so *rumsteppt* und sich dabei → *anödet*, ist selber schuld; Bsp.: *Wo soll ich denn hier noch rumsteppen? Ich stepp doch nicht die ganze Woche rum in dieser → Walachei!*

rumzicken (norddtsch./ostdtsch.)

zickig sein, spinnen, Probleme machen; meist von männlichen Jugendlichen auf gleichaltrige weibliche Personen bezogen (vgl. umgangssprachlich „Zicke" = Bezeichnung für „dumme weibliche Ziege"); schwerpunktmäßig in Nord- und Ostdeutschland; Bsp.: *Willst du jetzt hier rumzicken oder was? Zick hier nicht rum!*

rupfen

sich schlagen, schlägern (vgl. → *abklatschen,* → *klatschen,* → *klopfen,* → *Klopfkonzert,* → *weichklopfen*); abgeleitet etwa von jener gerupften Gans, die am Kirchweihfest ihre Federn lassen muß und dabei wild um sich schlägt; Bsp.: *Die* → *Ösis gehören gerupft.*

rustikal

vgl. lat. „rusticus" = ländlich, grob; in der Jugendsprache: hart, stark, kräftig; mittlerweile auch bei Fernseh-Sportübertragungen gebräuchlich (vgl. Reporter Gerd Rubenbauer: „Der Jürgen Kohler geht mal wieder recht rustikal zu Werke"); schwerpunktmäßig bei „gereifteren" Jugendlichen, die jüngere schon mal recht *rustikal* → *abbürsten*; Bsp.: *Der Uli hat aber rustikal zugelangt.*

S

salben

abschätzig: schwatzen, quatschen, (wenig durchdacht) reden (vgl. → *opern,* → *quarken*); oftmals mit bezeichnenden Vorsilben (*ein-salben, be-salben, rum-salben, zu-salben, voll-salben*); gelegentlich auch in substantivierter Form (*Gesalbe*); Bsp.: *Der* → *Ösi hat mich wieder voll-gesalbt. Salb hier nicht rum, Mann! Was soll das Gesalbe?*

Savanne

ländliche Gegend, Landschaft, flaches Land, Region, Umgebung (vgl. → *Walachei*); Bsp.: *Das* → *ödige Nest liegt ja irgendwo in der Savanne. Das ist ja die totale Savanne hier!*

Schatten

„Macke", „Dachschaden"; vgl. → *Getriebeschaden*; in der Wendung *einen Schatten haben*: spinnen (vgl. → *Huscher*). Rückgriff auf die Psychiatrie: Nach dem schweiz. Psychologen Carl Gustav Jung (1875–1961) ist der „Schatten" jene dunkle Seite der Persönlichkeit, die man zu verdrängen gewohnt ist. Nur wer seinen Schatten *realo checkt*, kann reifen – aber wer will das schon? Bsp.: *Du hast ja einen Schatten. Die → Polit-Popper haben für mich alle einen Schatten.*

Schicker/schickern (norddtsch.)

Rausch, Trunkenheit; vgl. → *beschickert*; wer daraus schließt, daß die „Schickeria" sich oft einen auf die Nase gießt (→ *alken*), liegt durchaus richtig (mit „schick" = flott, elegant jedenfalls hat das, von außen betrachtet, meist nur wenig zu tun); manchmal auch verbalisiert (*schickern* = sich betrinken); vorzugsweise in Norddeutschland; mittlerweile umgangssprachlich übernommen; zugrunde liegt übrigens der mittelhochdeutsche Wortstamm „schicken" (= zuteil werden lassen); Bsp.: *Du hast wohl einen leichten Schicker in der → Birne sitzen, → wa? Schickern wir uns zu?*

Schicki-Schnösel

verächtlich: Mitglied der illustren „Schickeria"-Szene; verbaler Totschlag durch „Sch" ... „Sch" – Holzhammer-Alliteration; Bsp.: *Achtung, die Schicki-Schnösels rollen an. Die Schicki-Schnösel gehen mir auf den → Kürbis.*

Schlam(m)pampe

1. Schlampe, schlampiges Mädchen, unordentliche (weibliche) Person; 2. Verschwenderin, Genießerin; jemand, der mit (nicht selbstverdienten) → *Peanuts* um sich wirft; wörtlich: Person, die „Schlamm" in der → *Pampe* (und vielleicht nicht nur dort!) hat; Bsp.: *Mit der → beschlabberten Schlampampe willst du auf die Fete?*

schlappen

schlendern, bedächtig gehen, betont lässig einherschreiten (vgl. → *dackeln*, → *dümpeln*, → *gurken*); vgl. Sportsprache: „Schlappen" = Fußballstiefel. Reporter Jörg Wontorra:

„Matthäus kriegt das Leder voll auf den Schlappen"; Bsp.: *Schlappen wir noch ein wenig durch die → Savanne, bevor wir auf die → Rolle gehen.*

Schleimbeutel

1. Kondom (vgl. → *Blasrohr,* → *Gummilutscher,* → *Luftballon,* → *Plastiktüte*) 2. Person, die sich auf heuchlerische Weise anbiedert und kein „Rückgrat" hat, „Radfahrer"; biologisch gesehen, ist der „Schleimbeutel" eine durchaus nützliche mit Schleim-Flüssigkeit gefüllte Gelenkspalte oder Körperhöhle, etwa im Knie (= jugendsprachliche Bedeutungsveränderung); Bsp.: *Diese Schleimbeutel gehen mir tierisch auf den → Zeiger.*

Schlitten

1. schnelles/teures Auto, *ultrageiler Protz-Hobel*; von flotten Kufen zu flinken Rädern ist es nicht weit; 2. in der Wendung *vom Schlitten rutschen/fallen*: sterben; 3. in der Wendung *(mit dem) Schlitten (über die → Birne) fahren*: mit jemandem heftig ins Gericht gehen, jemanden heftig (aus)schimpfen; polyvalente Vokabel; Bsp.: *In so einem protzigen Schlitten würde ich mich nie wohlfühlen. In dem → Mc-Job kannst du schnell vom Schlitten rutschen. Willst du Schlitten fahren? Halt die Freßleiste, sonst fahren wir eine Runde Schlitten. Ich fahr dir gleich mit dem Schlitten über die Birne, claro!?*

Schlürfbude

Fast-Food-Restaurant (z. B. McDonalds, Burger-King, „Kochlöffel" usw.), Imbißbude, Pommesbude, Würstchenstand, gastronomischer (?) Ort, an dem man unter Verzicht auf feine Tischmanieren ungehemmt „schlürfen" (= hörbar trinken und essen) kann, ohne die pikierten Blicke anderer Gäste auf sich zu ziehen; bei Schülern sehr beliebt, die nach der *Penne* noch auf *eine Runde* in die *Schlürfbude → dackeln*; Bsp.: *Kommst du mit auf einen Sprung zur Schlürfbude. In der → Savanne haben sie eine neue Schlürfbude aufgemacht.*

Schnelldurchblicker

Schülerjargon: Person mit raschem „Durchblick"/Expreß-Auffassungsgabe (vgl. → *Expreßchecker*, → *Durchblickologe*); vs. → *Nullchecker*; meist neutral, seltener ironisch und damit negativ gemeint; Bsp.: *Der Ede ist ein Schnelldurchblicker! Du bist jetzt wohl unter die Schnelldurchblicker gegangen,* → *wa?*

Schnieki

abwertend – wen wundert's: Spießer, adrett gekleideter Durchschnittsangestellter (vgl. → *Mr. Schniegelmann*, → *Oberklemmi*, → *Schicki-Schnösel*); leitet sich vom Berlinerischen „schnieke" (= fein, schick) ab; für *Schniekies* haben Jugendliche in der Regel wenig Verständnis; sie sind meist ausgegrenzt und werden auch nicht → *gebügelt*; Bsp.: *Hast du den Schnieki gesehen? Mann, ist das ein* → *hohler Schnieki!*

Schnuffi

abwertend: Rauschgiftkonsument, „Kokser", „Schnüffler"; im Unterschied zum → *Chippie* nicht mehr nur Anfänger, sondern schon seit längerer Zeit profimäßig → *bedröhnt*; Bsp.: *Schau dir die Schnuffis an, echt voll fertig!*

scholle (sein)

1. „platt"/geplättet (wie eine Scholle) sein, sprachlos sein, keine Worte finden; 2. pleite sein (vgl. → *Teller*); 3. egal, gleichgültig; 4. betrunken sein; leitet sich ab vom flachen Schollenfisch, der sich bei Gefahr bekanntlich platt machen kann; logischerweise hauptsächlich in norddeutschen Gefilden anzutreffen; Bsp.: *Da bin ich jetzt aber echt scholle.*

schöppeln

vgl. mittelalterlich „schöppeln" = gern und gewohnheitsmäßig (einen Schoppen) trinken; jugendsprachliche Bedeutungsübernahme, vor allem in traditionsbewußten Studentenkreisen anzutreffen (vgl. → *alken*, → *schoppen*); Bsp.: *Schöppeln wir noch einen?*

schoppen

engl. „to shop“ = einkaufen; niederdt. „Schope“ = Schöpfkelle des Brauers; jugendsprachlich: 1. einkaufen gehen; 2. Alkohol trinken (freilich nicht mehr als ein paar Schoppen); interessant die jugendsprachliche Bedeutungserweiterung in Richtung „Alkohol trinken“ (ein „Schoppen“ = urspr. 1/2, jetzt 1/4 oder 1/5 l Wein; vgl. auch → *schöppeln*); phonetisch und graphematisch eingedeutschter Anglizismus; wie (fast) alle Anglizismen schwerpunktmäßig in den (Groß-)Städten des deutschen Sprachgebietes beheimatet; Bsp.: *Ich war heute in der City zum Schoppen! Gehen wir noch eine Runde schoppen?*

Schraube

1. häßliches Mädchen; → *Plötze*, → *Zunsel*; 2. alte Frau (mit „verschraubtem“, d. h. faltigem Gesicht); diverse Präfigierungen sind v. a. in Schülerkreisen anzutreffen: *Schreck-Schraube, Schiffs-Schraube*; 3. in der Wendung *eine Schraube locker haben*: spinnen, einen → *Schatten* haben; Bsp.: *Was, mit der Schraube hast du ein → Date abgerissen?*

schrill

→ grell

Schufti

Arbeits-„tier“, arbeitswütige Person; mit dem „Schuft“ (= gemeiner, hinterhältiger Kerl) hat der jugendsprachliche *Schufti* nichts zu tun, vielmehr leitet er sich von „schuften“ (= angestrengt, hart arbeiten) ab; Bsp.: *Machst du hier den Schufti für alle oder → wa?*

schwabbeln

quatschen, quasseln, daherreden, (belanglosen) „Small Talk“ betreiben (vgl. → *quarken*, → *opern*, → *schwallen*, → *wiehern*); jugendsprachliche Bedeutungsveränderung (laut ‚Duden‘ meint „schwabbeln“ ursprünglich nur „wackeln“); sehr oft auch in substantivierter Form („Geschwabbel“, „Schwabbel“); eine phonetische Affinität zu „schwafeln“ (= um den heißen Brei herumreden) ist fraglos vorhanden; fast ausschließlich von männlichen Jugendlichen gegenüber → *Xanthippen* gebraucht; Bsp.: *Schwabbel hier nicht rum! Was soll das Geschwabbel? Schwabbel-Schwabbel!*

Schwachfug

Unsinn, Blödsinn, Quatsch; Neubildung aus „Schwachsinn“ und „Unfug“, die auf die Zeichentrickserien-Helden Fred Feuerstein und Barney Geröllheimer („Yabadabadooh“) zurückgeht, welche die Vokabel in jedem zweiten Satz verwenden; Bsp.: *Laß doch gefälligst den Schwachfug!*

Schwachstrom-Akademie

Sonderschule, (Berufs-)Bildungseinrichtung für körperlich oder geistig Behinderte; prototypisch unfreundlich (vgl. auch → *Aussi-Bude,* → *Ösi,* → *Ossi*); Besucher bzw. Absolventen der *Schwachstrom-Akademie* heißen logischerweise *Schwachstrom-Akademiker* (von geistigen → *Bodenturnern*, die sich selbst fälschlicherweise für *hypergeile Starkstrom-Elektriker* halten, erfundener Begriff, der vor allem bei sozial benachteiligten Jugendlichen bzw. solchen mit geringerem Bildungsniveau Konjunktur hat); Bsp.: *Guck sie dir an, die* → *Nullchecker von der Schwachstrom-Akademie.*

schwallen

→ anschwallen

schwächeln

saft- und kraftlos sein bzw. werden, sich eine Blöße geben; jugendsprachliche Anleihe aus dem Militär- bzw. Sportjargon; die phonetische Verwandtschaft zu „hecheln“ (= extreme Kurzatmung bei Überanstrengung, v. a. bei Hunden) ist unüberhörbar; manchmal auch in substantivierter Form („Geschwächel“, Schwächel-Schwächel“); mittlerweile über die SAT 1-Sportshow ‚ran‘ auch umgangssprachlich adaptiert (Jörg Wontorra: „Baresi schwächelt über den Platz wie sein eigener Opa!“); Bsp.: *Schwächel hier nicht rum, Mann! Was soll das Geschwächel? Schwächel-Schwächel!*

Schwind(e)liger

Schwindler, Lügner; Person, die es mit der Wahrheit nicht allzu genau nimmt; so richtig böse und moralisierend ist das nicht gemeint; Bsp.: *Mann, bist du ein Schwindliger!*

schwirren

→ abschwirren

Session

engl. „session“ = 1. Sitzung, Konferenz; 2. Zusammentreffen; in der Jugendsprache Bedeutungsveränderung bzw. -erweiterung: 1. gemeinsame Unternehmung; *Action*; 2. ernste Unterredung vor allem bei *ultra-coolen* Großstadtjugendlichen; Bsp.: *Laß uns mal wieder eine ordentliche Session aufziehen! Wir beide halten jetzt mal eine kleine Session ab, → Puppie!*

Siffkopf/Siffkopp

→ entsiffen

skaten

(sprich: skäjten): High Tech-„Rollschuhlaufen“ oder Skateboard-Fahren auf Straßen bzw. in speziellen Skating-Palästen; fast ausschließlich Großstadtjugendlichen vorbehalten (mittlerweile auch verstärkt bei weiblichen); dazu braucht man neuerdings Inline-Skater, mit vier oder fünf Rollen hintereinander statt der plumperen 2-achsigen Geräte; Bsp.: *Skaten wir noch mal rüber ins → Mall?*

Skeletti

meist liebevoll bis mitleidig: Uralt-Opa, sehr alter Mensch (= über sechzig Jahre), bei dem bereits die Knochen aneinanderreiben; schwerpunktmäßig bei 11-16jährigen → *Bonsais*, für die jeder Dreißigjährige bereits ein *Grufti* ist; Bsp.:

Dein → Dino ist ein richtiger Skeletti. Der Silbenstecher kommt mir manchmal wie ein Skeletti vor.

Skinnie

engl. „skin“ = Haut; Skinhead; spätestens seit den ausländerfeindlichen Anschlägen von Hoyerswerda, Mölln, Rostock, Solingen, Magdeburg usw. in aller Munde. Erkennungszeichen der *Skinnies* sind neben ihrer Frisur die grüne Bomberjacke (die von amerikanischen Vietnam-Kämpfern in der Freizeit getragen wurde) sowie schwarze Springerstiefel mit weißen Nähten und roten Schnürsenkeln; obgleich eine Affinität zum Rechtsextremismus besteht, verstehen sich nicht alle *Skinnies* automatisch auch als → *Faschos*; das verharmlosende Diminutiv (= Verkleinerungs)-Suffix *i(e)* wird den harten Jungs eigentlich nicht gerecht, da *Skinnies* sich – zumindest dann, wenn sie in Gruppen auftreten – alles andere als harmlos geben.

Skippi(e)

Konsum-*Kids*, Schulkinder mit dem Hang zum Kaufrausch (von älteren Jugendlichen gegenüber jüngeren gebraucht); steht für „schoolkids with income and purchase power“; vom Englischen „to skip“ (= springen, hüpfen) abgeleitet: die *Kids* „hüpfen“ von *Shopping-Mall* zu *Shopping-Mall*; vor allem in Großstädten beliebt; vgl. → *Fruppie*, → *Grumpie*, → *Puppie*, → *Yuppie*; Bsp.: *Guck dir die Skippies an. Was wollen die Skippies schon wieder hier?*

Snobiety

abwertend: Geldadel, „feine“ Gesellschaft, Möchtegern-Snob; Hybridbildung aus engl. „snob“ (= Großtuer, Vornehmtuer, Angeber) und „nobility“ (= Adel, Würde, Vornehmheit); Bsp.: *Gehörst du jetzt etwa auch zur Snobiety?*

solo

lat. „solus“ = einzig, allein; in der Jugendsprache: allein, einsam, verlassen; in der Zusammensetzung *Soloberger*: 1. notorischer „Single“; 2. Einzelgänger; Person ohne soziale Kontakte; 3. in der Wendung *einen Soloberger hinlegen*: einen Alleingang machen, alles alleine machen (wollen); Bsp.: *Ich bin schon wieder solo.*

spechte(l)n (süddtsch./österr.)

(sehr genau) hinschauen, aufmerksam auf etwas blicken, durch etwas (z. B. ein Astloch oder ein Glas) hindurchsehen; vom Specht abgeleitet, der einen Baum anpeckt, um hindurchzuspechteln; schwerpunktmäßig in Bayern und Österreich (bereits in einem Wiener Wörterbuch belegt); Bsp: *Laß mich auch mal spechten! Was gibt es denn dort zu spechteln!*

Springer

1. Klappmesser, Springmesser; 2. (hoher) Stiefel (= Springerstiefel); die ursprüngliche Bedeutung von „springen" (= hüpfen) wird in beiden Fällen im übertragenen Sinn und elliptisch (Ellipse: Auslassen von Wort- oder Satzteilen) verwendet: *Springer(-Messer)*; *Springer(-Stiefel)*; vor allem bei jugendlichen → *Gorillas* beliebte Vokabel; Bsp.: *Nimm auf jeden Fall den Springer mit. Die neuen Springer sind voll steinstark.*

sprinten

engl. „to sprint" = schnell laufen, rennen, spurten, sich schnell (zu Fuß) fortbewegen; voll übernommenes und lediglich mit deutscher Endsilbe versehenes englisches Lehnwort, das für jugendliche Ohren einfach *cooler* klingt als das deutsche Pendant „laufen"; vs. → *dackeln*, → *gurken*; Bsp.: *Sprint durch, die → Promillologen sind im Anrollen. Sprinten wir eine Runde durch den Park?*

Spruchvogel

Schülerjargon (eher negativ): Sprüchereißer, Aufschneider; Person, die immer irgendwelche vermeintlich → *oberaffengeilen* Kalauer auf Lager hat; Bsp.: *Dreht dem Spruchvogel doch mal den Ton ab!*

Spucktüte

Saxophon, Clarinette, (manchmal: Flöte); die „Tüte" meint den Resonanzkörper des jeweiligen Instruments; wer zu stark „in die Tüte spuckt", entlockt dem Instrument freilich nur ein *abtörnendes* Gegurgel, das einem dann leicht die → *Melone* platzen läßt (vgl. → *Blassack*, → *Winseltasche*); Bsp.: *Pfeif* → *ab mit deiner Spucktüte! Laß man hören, was deine Spucktüte noch hergibt.*

stauchen

klauen, stehlen (vgl. → *klaufen*); meist für kleinere Diebereien (z. B. „Äpfelklauen") gebraucht; wer beim *Stauchen* erwischt wird, für den folgt die „Stauche" (= Strafpredigt) auf dem Fuß; Bsp.: *Ich hab doch bloß ein paar Tomaten gestaucht. Stauchen wir die Kirschen dort drüben?*

Steamer

engl. „Steamer" = Dampfer, Boot; in der Jugendsprache Bezeichnung für eine (meist männliche) Person, die ständig unter Volldampf steht und einen auf „high Life" macht; Bsp.: *Achtung, der Steamer rollt wieder auf der* → *Piste.*

Stechschritt

jugendsprachliche Bezeichnung für „flotte Tanzfiguren", die voll → *grell* über das Parkett „stechen"; vs. → *Tanzbärenschritt*; Bsp.: *Was ist das denn für ein geiler Stechschritt?*

Stehgeiger

abwertend: Bequemling, Langweiler; Person, die nur passiv herumsteht und keinerlei Unternehmungsgeist zeigt. Anleihe aus der Orchestersprache („Stehgeiger" im Orchester = Cellist/Bassist); Bsp.: *Du bist ja ein richtig* → *ödiger Stehgeiger!*

steinstark

hervorragend, klasse, super; meist in Verbindung mit Steigerungspartikeln wie *echt, voll, absolut, super*; vor allem die Trickfilmfiguren Fred Feuerstein und Barney Geröllheimer benutzen diese Vokabel geradezu inflationär; Bsp.: *Die Fete war steinstark. Ein steinstarker Luxusschlitten!*

steppen

engl. „step(p)“ = 1. Schritt, Tritt; 2. artistischer Tanz, bei dem der Rhythmus durch Klappern mit den Fußspitzen und Hacken hörbar gemacht wird; jugendsprachlich: 1. zügig gehen, sich (in normalem bis mittelschnellem Tempo) fortbewegen, 2. Schülerjargon: Schritt für Schritt (wörtl. „step by step“) vorangehen (z. B. beim Erlernen von Sprachen oder Fertigkeiten); Bsp.: *Steppen wir noch ein paar Lektionen durch?*

sterb

Ausdruck subjektiver Überforderung; oft auch als Pleonasmus in verdoppelter Form: *sterb-sterb*; Bsp.: *Da mach ich sterb, das haut mich um.*

Stofflöwe

abwertend: 1. Maulheld; 2. Angsthase; 3. Mensch ohne „Biß“, (männliche) Person ohne Durchsetzungsvermögen und Zivilcourage; ein „Stofflöwe“ ist – genau wie der „Papiertiger“ – zwar ein niedliches Kinderspielzeug, beißt aber nicht wirklich; Bsp.: *Nur Stofflöwe, sonst nichts dahinter! Mann, bist du vielleicht ein Stofflöwe!*

Strampelanzug

meist abwertend für „Trainingsanzug“, in dem man sich „abstrampelt“, bis einem der Saft in der → *Melone* kocht; Bsp.: *Ist das der → Schnieki mit dem Strampelanzug? Das ist aber ein → greller Strampelanzug.*

Switch/switchen

engl. „switch“ = 1. Gerte, Rute; 2. Schalter; 3. Umstellung, Wechsel; in der Jugendsprache Bedeutungsveränderung bzw. -erweiterung: 1. Themenwechsel; 2. Wechsel des Fernsehprogramms; 3. Schlägerei; oft auch verbal (*switchen* ähnelt dem → *zappen*, allerdings mit dem Unterschied, daß beim *Switchen* die Kunst darin besteht, die Handlungsfäden mehrerer parallel verfolgter Sendungen nicht zu verlieren und die für den Verlauf der jeweiligen Filme entscheidenden Szenen herauszupicken; derartiges *Switching* braucht einige Übung; gerade jüngere → *Abgebrochene* bzw. → *Baby-Kids* entwickeln dafür oft das optimale *Feeling*); Bsp.: *Machen wir einen Switch! Switchen wir mal wieder eine Runde? Switch doch mal die → beschlabberte Werbung weg!*

Sympathiko

netter Kerl, angenehmer Zeitgenosse; Bsp.: *Der Udo ist ein absoluter Sympathiko.*

T

tanken

trinken, sich vollaufen lassen (meist abwertend im Sinne von „saufen" oder → *alken*, manchmal aber auch wertfrei; analog dazu wird die → *Piste*, wo der → *Kürbis aufgetankt* wird, nicht selten *Tankstelle* genannt; Bsp.: *Neulich haben wir voll aufgetankt. Die → Birne ist bis zum Anschlag vollgetankt!*

Tanzbärenschritt

„Zeitlupentanz", äußerst langsamer Opa/Oma-Tanzschritt, z. B. langsamer Walzer; vs. → *Stechschritt*; der tanzende Bär wirkt nicht gerade sehr vital und ist deshalb eher eine Lachnummer für das Publikum; Bsp.: *Was willst du denn mit dem Tanzbärenschritt?*

Tastenhengst

stammt ursprünglich aus den späten fünfziger Jahren, wo in jedem Lokal, das auf sich hielt, ein „Tastenkasten" stand, der von den „Hengsten" (= Pianisten) nach Lust und Laune „beritten" werden konnte; nach einem „Durchhänger" in den siebziger und achtziger Jahren wieder stark im Kommen – nicht zuletzt weil der Synthesizer seit Jahren das eindeutig dominierende Musikinstrument ist; Bsp.: *Das ist aber ein voll geiler Tastenhengst!*

Techno/Tekkno

Bezeichnung für elektronische → *Dancefloor*-Musik, die ausschließlich elektronisch (durch Soundmachines, Computer-Sequenzer, Sampling usw.) erzeugt wird; in diversen Suffigierungen gebräuchlich: *-Band, -Show, -Freak, -Man, -Musik, -Gang, -Sound, -Nomaden, -Light, -Party, -DJ, -Treff, -Schuppen, -Szene, -Power, -Rave, -Hammer, -Pop, -Punk, -Shit usw.*

Teller

1. in der Wendung *nichts mehr vom Teller ziehen*: „ausgebrannt"/erledigt/ → *hohl* sein; nichts mehr zustandebringen, versagen; 2. in der Wendung *einen leeren Teller haben*: pleite sein, keine → *Peanuts* im → *Kohlenkeller* haben, → *scholle* sein; 3. in der Wendung *jemanden vom Teller ziehen*: jemanden fertigmachen, verhauen; 4. *voller Teller*: a) reich; → *bemoost*; b) sehr gut, besonders gut/schön; Bsp.: *Der → Dino zieht echt nichts mehr vom Teller. Ich habe schon wieder einen leeren Teller. Laß Dich ja nicht vom Teller ziehen!*

tigern

1. (wie der Tiger) lauernd auf eine gute Gelegenheit/eine (womöglich einmalige) Chance warten; 2. sich (aufreizend und geschmeidig) fortbewegen; eine schier animalische Anleihe aus der Zoologie; Bsp.: *Wollen wir ein bißchen durch die Savanne tigern? Was tigerst du denn hier → rum?*

Toffel

Tolpatsch; eigentlich eine elliptische Neubildung von „Pantoffel" (= jemand, der „unter dem Pantoffel" steht!); mit der Vorsilbe „Pan-" wird gleich der ganze Kerl vom

→ Teller gefegt – ein *Toffel* verdient es nicht anders! Bsp.: *Seit der Uli → geankert hat, ist der ein richtiger Toffel geworden.*

Trachtengruppe

(Verkehrs-)Polizei; → *Promillologe*; ob Dirndl oder Uniformjacke, macht halt kaum einen Unterschied; vor allem bei jugendlichen Mofa- und Mopedfahrern gebräuchlich (diese *ziehen* vor *Trachtengruppen* einen *Heiden-Horror*!); Bsp.: *Vorsicht, die → Toffels von der Trachtengruppe rollen an!*

Transi

lat. „trans" = (hin)über, jenseits; jugendsprachliche Bezeichnung für „Transvestit", Mann in Frauenkleidern; das „-i" zeugt nicht unbedingt von Liberalität; Bsp.: *Mit Transis kann ich persönlich nichts anfangen. Die Transis gehen mir tierisch auf den Keks.*

Trash

engl. „trash" = Müll, Abfall; in der Jugendsprache (abwertende) Bezeichnung für Filme oder Musik katastrophaler Qualität bzw. Machart (= Schrott, Abfall); *Trash* kann – je nach individuellem Geschmack bzw. je nach subjektiver Voreingenommenheit – beinahe alles sein, angefangen von der neuesten DJ-Bobo-Single bis hin zum frisch produzierten Walt-Disney-„Hammer"; wie alle Anglizismen vor allem in (Groß-)Städten beheimatet; Bsp.: *Diesen Trash-Streifen tu ich mir nicht an. Die produzieren seit Jahren nur noch Trash.*

trendig/trendy

engl. „trend" = Richtung, Tendenz, Neigung, Mode; in der Jugendsprache Bezeichnung für alles „Moderne, dem (gegenwärtig aktuellen) Trend Folgende"; vor allem bei Großstadt-*Frischlingen* beliebt, die sich an alle möglichen Trends *ranklinken*; Bsp.: *Dein neuer Fetzen ist echt trendy.*

Trick 18

besonders toller Kniff, noch nie dagewesener Kunstgriff, spitzenmäßiger Einfall, hervorragende Idee; auf den mittlerweile umgangssprachlich adaptierten „Trick 17" (seit Ende der 60er Jahre vor allem in Schüler- und Studentenkreisen anzutreffen) setzt die Jugendsprache gezwungenermaßen nochmal eins drauf (gelegentlich auch in der Verstärkung *Trick 18 a*); Bsp.: *Das war Trick 18! Versuchen wir es doch mal mit Trick 18 a.*

tricky

verschlagen, durchtrieben, raffiniert, trickreich. Entlehnung aus dem Englischen („tricky" = 1. durchtrieben, trickreich; 2. heikel, kompliziert, knifflig, schwierig); jugendsprachliche Bedeutungsverengung auf Bedeutung 1; wird fast ausschließlich als Modal-Adverb gebraucht; Bsp.: *Die → Kneipp-Kur war echt tricky.*

Trine/Trinchen (westdtsch./norddtsch.)

langweiliges/allzu biederes Mädchen, Ja-Sagerin, (junge) Frau ohne Originalität; Ruhrpott-Slang („Danke, Brigitte K."!); Bsp.: *Was will denn die → hohle Trine hier? Du bist vielleicht ein Trinchen!*

-Trip

1. Reise, Fahrt; 2. Fehler, Fehltritt. Übernahme aus dem Englischen („trip") – daher besonders in Großstädten beliebt; in den Strudeln der Jugendjahre ist noch lange nicht jeder Trip auch ein guter Trip, z. B. *Horror-Trip, Frust-Trip, Freß-Trip, → Karriero-Trip, → Schicker-Trip, Über-Trip* (= besonders schöne bzw. lange Reise/Fahrt, erlebnisreicher Ausflug); Bsp.: *Der Thommi ist total auf dem Ego-Trip. Das ist ja der reinste Horror-Trip. Das Skilager war ein echter Übertrip.*

Trivialo

vgl. lat. „trivium" = zum Dreiweg gehörend, jedermann zugänglich; jugendsprachlich für „geistloser Kerl, Person mit intellektuellem Defizit"; das umgangssprachliche „trivial" (= platt, abgedroschen, seicht, alltäglich) wird jugendsprachlich aufgemotzt; Bsp.: *Was ist das denn für ein → hohler Trivialo? Mit so'nem Trivialo hab ich nichts am Hut.*

Tuscher

flüchtiger Kuß, Küßchen, „Bussi" (= nichts Leidenschaftliches, sondern nur mal schnell über den → *Rüssel* „getuscht"; vgl. → *Huscher*); Bsp.: *Krieg ich wenigstens einen kurzen Tuscher? Was war das denn für ein halber Tuscher?*

U

Überbelichteter/überbelichtet

Schwarzer, Farbiger, Neger; eindeutig diskriminierend; fast ausschließlich bei männlichen Jugendlichen anzutreffen, die keinen Kontakt mit „überbelichteten" Mitbürgern pflegen (wollen); als Adjektiv in der Bedeutung „überdreht"; Bsp.: *Schau dir die → hohlen Überbelichteten an. Mann, hat der aber eine überbelichtete → Lampe!*

ultra-

lat. „ultra" = 1. jenseits, abseits; 2. über ... hinaus; 3. länger (als), ferner; jugendsprachlich ähnlich wie *mega-* oder *über-* als verstärkende Vorsilbe vor Adjektiven verwendet, nicht selten als Verlegenheitsfloskel mangels Sprachkreativität bei → *Baby-Kids*; Bsp.: *ultra-clean, ultra-hart, ultra-geil.*

umdocken

jemanden ermorden, erschießen, killen; vgl. → *umnieten*; anders als im „Dock" auf der Werft, gibt es bei einer Person, die *umgedockt* wird, in der Regel nichts mehr zu reparieren; Bsp.: *Die → Skinnies sollte man alle umdocken.*

umnieten

jemanden ermorden, erschießen, killen (vgl. → *umdocken*); abgeleitet von althochdeutsch „niutan“ (= befestigen); der „Niet“ ist eigentlich ein massiver oder zylindrischer Bolzen, der durch die Löcher übereinanderliegender Werkstoffe gesteckt wird und sie fest verbindet; Bsp.: *Den alten → Kragen niet ich um.*

Unke (norddtsch.)

althochdeutsch. „unc(h)“ = Schlange; laut ‚Brockhaus‘ ist die Unke „ein Froschlurch aus der Gattung der Scheibenzüngler (= Krötengattung)“; dabei ist es nicht geblieben; 1. Umgangssprache: weibliche Person, die immer nur Unglück prophezeit (= „moderne“ Kassandra); 2. Umgangssprache: weibliche Person mit negativer Geisteshaltung; 3. Jugendsprache: pickelige(s) Mädchen/Frau; nach der Volksmeinung bringt es Unglück, wenn einem eine Unke über den Weg läuft; der männliche Teil der Jugend schlägt deshalb präventiv und unmißverständlich zu; Bsp.: *Mann, du bist vielleicht eine Unke!*

up(ge)spaced

vgl. engl. „space“ = Raum; in der Jugendsprache: *abgepfiffen,* total fertig, völlig erschöpft, ausgepowert (vermutlich vom „Space Shuttle“ abgeleitet, der auch nicht immer gehalten hat, was die NASA versprechen mußte); Bsp.: *Der Typ ist voll upspaced.*

V

Van-Jumping

wörtlich: „Lastwagenspringen“ (aufgeschnappt an den bayerisch-tschechischen Grenzübergängen Schirnding und Waidhaus); neuer „Sport“ (nicht nur) an den vielbefahrenen osteuropäischen Grenzübergängen, wo sich oft kilometerlange Lastwagen-„Schlangen“ bilden; die jugendlichen *Van-*

Jumper-Profis (zumeist *Fahrlappen-Frischlinge*) „springen" mit ihren → *Warmwassergeigen* zwischen der LKW-Fahrspur und der (ebenfalls vielbefahrenen) Gegenfahrbahn hin und her; der Nervenkitzel macht die Faszination aus: Je → *schriller* das Hupkonzert der anderen Verkehrsteilnehmer, umso → *greller* wird das Ganze → *gehändelt*; Bsp.: *Kommst du mit auf → 'ne Runde Van-Jumping?*

Verbal-Onanierer/Verbal-Onanist

stark abwertend: Dauerredner, Quatschkopf, Quasselstrippe, *Laberfritze, Sülzkopf*; eigtl. Person, die sich gerne reden hört und daran Befriedigung empfindet; vor allem bei Schülern gebräuchlich, die ihren Sexualstau sprachlich kanalisieren (müssen); Bsp.: *Die Polit-Popper sind doch alles Verbal-Onanierer! Der → Silbenstecher ist ein richtiger Verbal-Onanist!*

verdodelt/verdödelt (süddtsch./österr.)

von allen guten Geistern verlassen (sein), bescheuert sein, → *beschlabbert*, → *betröpst* sein, etwas an der → *Klapper* haben, einen → *Schatten* haben; leitet sich vom *Dodel* (= österreichisch: „Trottel") ab (demzufolge vorzugsweise in Österreich anzutreffen; gelegentlich auch bei norddeutschen Jugendlichen, die ihre süddeutschen Altersgenossen → *hochnehmen*); Bsp.: *Du bist wohl total verdodelt.*

verdröseln

sich hängenlassen, (sinnlos) rumhängen, nichts Vernünftiges zustande bringen, faulen; laut ‚Duden' vom landschaftlich gebrauchten „dröseln" (= Faden drehen, spinnen) abzuleiten; Bsp.: *Ich habe den ganzen Tag verdröselt. Verdrösel nicht dein Leben!*

verfratzen (sich)

weglaufen, sich aus dem Staub machen, (schnell) abhauen (vgl. → *abschmieren*, → *abschweben*, → *abzittern*, → *davonspritzen*, → *wegklemmen (sich)*, → *wegschalten (sich)*; *Abflug, Biege, Fliege*); „Fratz" ist in Süddeutschland umgangssprachlich ein Kosewort für ein „kleines Kind"; Bsp.: *Verfratz dich, die → Promillologen tanzen gerade an.*

verklapsen

→ Klapse/klapsig

verkokeln/verkokelt

zündeln, niederbrennen, (mit Benzin) anzünden; → *abfakkeln*; verbrannt, niedergebrannt (vgl. „kokeln" = mit Feuer spielen); Bsp.: *Habt ihr die verkokelte → Aussi-Bude schon gesehen?*

verticken

1. (jemandem) etwas/eine Meinung verkaufen, jemanden von einem eigenen „Tick" (= Schrulle, Fimmel) überzeugen, für eine Idee gewinnen; 2. jemandem etwas erklären, klar machen. Nachfolgemodell von *verklickern* (siehe hierzu die Erläuterung in „affengeil. Ein Lexikon der Jugendsprache", [3]1994, S. 129); Bsp.: *Wem willst du denn diesen Schrott noch verticken? Das mußt du mir schon extremer verticken.*

verzupfen (sich)

(schnell) abhauen, fliehen, weglaufen, sich aus dem Staub machen (vgl. → *verfratzen (sich)*, → *abschmieren*, → *abschweben*, → *abzittern*, → *wegzittern* → *davonspritzen*); Bsp.: *Verzupf dich, → Zoni!*

Videot

abwertend: (leicht verblödeter) Video-Konsument; Person, die sich ständig Videos *reinzieht*; gelungenes Kompositum aus den beiden eigenständigen Substantiven „Video" (lat. „ich sehe") und „Idiot" (altgriech. „Privatmann"): wörtlich genommen ist ein *Videot* also nichts anderes als ein „sehender Privatmann" – was schließen wir daraus aber? Bsp.: *Das sind doch alles Videoten!*

volldröhnen

1. pausenlos auf jemanden einreden; 2. ständig ermahnen; 3. laute Musik hören; 4. sich betrinken, Drogen nehmen

(vgl. → *dröhnen*); Bsp.: *Dröhn mich nicht dauernd voll, claro! Ich hab mich mit → schriller → Mucke vollgedröhnt.*

Vollniete

Totalversager; jemand, dem alles mißlingt. Steigerungsform der umgangssprachlichen „Niete" (zur Etymologie von „Niete" siehe → *umnieten*); Bsp.: *Als Bewährungshelfer ist der eine absolute Vollniete!*

W

wa?

als Frage- oder Verlegenheitspartikel (angehängt bzw. nachgestellt): „was?!" – Stereotyper Nachtrag, der beim Gesprächspartner implizit die Erwartung einer nachdrücklichen Verneinung signalisiert; Bsp.: *Soll ich dir jetzt den → Rüssel abschlecken, wa? Willst du dich eine Runde mit mir → klopfen, wa?*

waffeln

(be)quatschen, ununterbrochen reden, jemanden „niederreden"; die semantischen Verschiebungen, die vom knusprigen Backwerk zum penetranten Belabern geführt haben, liegen noch weitgehend im Dunkeln; oft mit diversen Vorsilben (*an-waffeln, hin-waffeln, voll-waffeln, nieder-waffeln, zu-waffeln*); Bsp.: *Hör auf, mich vollzuwaffeln! Die Andrea kann einen echt niederwaffeln!*

Walachei

meist negativ: Einöde, ländliche Gegend; → *Savanne*; aufgeschnappt bei einer größeren Gruppe norddeutscher Jugendlicher auf Mallorca, welche die Vokabel inflationär bei (fast) jeder sich bietenden Gelegenheit gebrauchten; die „Walachei" im engeren Sinne ist ein dünn besiedelter rumänischer Landschaftsstrich (rumänisch „Tara Romaneasca") zwischen Südkarpaten und Donau und war einstmals russisches Protektorat – im weiteren Sinne ist sie überall da, wo es ähnlich trostlos zugeht; Bsp.: *Bin ich denn hier in der Walachei, → wa? Das ist ja die reinste Walachei hier! Bringt mich mal einer schnell aus dieser Walachei hier!*

Warmwassergeige

nicht etwa eine „aufgemotzte“ Stradivari, sondern die prägnante Bezeichnung für ein besonders schnelles (d. h. frisiertes) motorisiertes Zweirad (Mofa, Moped, Motorrad); man „geigt“ so lange durch die → *Walachei*, bis das Kühlerwasser der Maschine zu brodeln beginnt und der Motor schrille Töne von sich gibt, die (nicht nur) jeden Geiger *abtörnen*; Bsp.: *Mann, deine Warmwassergeige ist echt → schrill. Kannst du mir deine Warmwassergeige mal kurz leihen?*

wassern

1. urinieren, „Wasser lassen“, pinkeln, austreten (= *'ne Stange Wasser in die Ecke stellen*); 2. schwimmen; 3. sich ertränken, ins Wasser gehen; Bsp.: *Ich muß mal schnell → eine Runde wassern. Kommst du mit zum Wassern?*

Webfehler

in der Wendung *einen Webfehler haben*: verrückt sein, spinnen, dumm sein (vgl. → *Mattscheibe*, → *Getriebeschaden*, → *Schatten*); eigentlich ist ein „Webfehler“ kein Grund zur „Panik“, es sei denn, er wird von anderen *gepeilt*; Bsp.: *Haben sie deinen Webfehler eigentlich schon diagnostikalisiert?*

weggeschlafft

übermüdet, (vor Müdigkeit) neben sich stehen; Neologismus, der das Adjektiv „schlaff“ durch die Präfigierung („weg-“) verstärkt und ihm obendrein einen alternativen „Touch“ mitgibt; Bsp.: *Ich bin momentan voll weggeschlafft.*

wegklemmen (sich)

weglaufen, sich aus dem Staub machen, (schnell) abhauen (vgl. *abschmieren*, → *abschweben*, → *abzittern*, → *davon-*

spritzen, → *verfratzen (sich),* → *wegzittern*); wer sich → *rasanto wegklemmt*, wenn die → *Trachtengruppe* antanzt, kommt manchmal noch aus der „Klemme" raus; Bsp.: *Klemm dich endlich weg,* → *Ösi!*

wegschalten (sich)

weglaufen, sich aus dem Staub machen, (schnell) abhauen (vgl. *abschmieren,* → *abschweben,* → *abzittern,* → *davonspritzen,* → *verfratzen (sich),* → *wegzittern*); wer am schnellsten „schaltet", kann sich vielleicht noch *wegschalten*, bevor die → *hohlen* → *Knuffis* mit ihrer → *Faxerei* so richtig loslegen; Bsp.: *Wenn die* → *Trachtengruppe antanzt, kannst du dich nur noch* → *rasanto wegschalten.*

Weichei

Schülerjargon: Weichling, Schwächling; Person ohne Stehvermögen (gibt nach wie ein weichgekochtes Ei; vgl. → *Windei,* → *Milchtüte*); Bsp.: *Mann, bist du aber ein Weichei! Schwirr* → *ab in die* → *Savanne, du Weichei!*

weichklopfen

fest zuschlagen, kurzen Prozeß machen (vgl. → *abklatschen,* → *Aufguß,* → *klatschen,* → *zusammenfalten*); meist geht es nicht um Schnitzelfleisch, das *weichgeklopft* werden soll, sondern um Menschenfleisch; Bsp.: *Die* → *Winseltaschen klopfen wir weich,* → *wa!?*

wiehern

1. sich vor Lachen schütteln; 2. meckern, etwas auszusetzen haben; 3. dumm daherreden; zum Glück können Pferde nicht reden, sonst wüßten wir, was sie davon halten; vgl. → *anblöken,* → *blöken,* → *Gorilla,* → *kälbern,* → *kalben;* Bsp.: *Da hab ich vielleicht gewiehert! Was gibts denn jetzt schon wieder zu wiehern?*

Windei

abwertend: 1. Schwächling; Person, die beim ersten Windstoß aus der „Eierschale" kippt (vgl. → *Weichei*); 2. Langweiler; 3. "Umfaller", Person „ohne Rückgrat", eigtl. Person, die sich vom Wind wie ein Ei hin- und hertreiben läßt; welche der Bedeutungen gemeint ist, läßt sich meist nur aus dem Kontext erschließen; laut ‚Brockhaus' ist das Windei „ein weichschaliges oder ohne Schale gelegtes Ei, häufig verursacht durch eine Störung des tierischen Kalkstoffwechsels oder durch einen im Eileiter schmarotzenden Saugwurm, dessen Zwischenwirte Libellen sind"; Bsp.: *Der Rudi ist echt ein → latschiges Windei. Die → Polit-Popper sind doch alles Windeier. Ach du heiliges Windei!*

Winseltasche

→ Blassack, → Spucktüte

Woof/Woopie

abschätzig für „gieriger reicher alter Geldsack, → *bemooster* Geldtrottel"; steht als Abkürzung für „**w**ell-**o**ff **o**lder **f**olk/**p**eople"; eine semantische Affinität zum englischen Substantiv „woof" (= Einschlag, Einschuß) ist nicht konstruierbar – also sollte man auch nicht weiter darüber nachdenken; in mehreren deutschen Großstädten sind mittlerweile schon Kult-T-Shirts mit dem Aufdruck „Woopies verjubeln das Erbe ihrer Kids!" im Umlauf; Bsp.: *Meine Woofs → bunkern sich die ganze Zeit in ihrem → Kohlenkeller ein. Die Woofs → klunkern sich wieder mal einen ab.*

worken/wörken

engl. „to work" = arbeiten; komplett übernommen aus dem Englischen und häufig nach dem Prinzip „schreibe, wie du sprichst" dem Deutschen per Umlaut einverleibt; Bsp.: *Das ständige Wörken geht mir langsam auf den → Sack.*

Wunderhorn

männliches Geschlechtsteil (vgl. → *Kolben*, → *Rübe*, → *Rüssel*, → *Pfeife*); ein leicht gebogenes „Horn", das beim Zustoßen wahre „Wunder" vollbringen kann; Bsp.: *Mußt du denn immer gleich dein Wunderhorn zücken, wenn du einen → Zierfisch siehst?*

X

Xanthippe

(weiblicher) Hausdrache, streitsüchtiges Weib (das wie ein Wildpferd ausschlägt); oftmals auch Bezeichnung für „Mutter" (gelegentlich in der Kurzform → *Hippe*); Xanthippe war die Frau des Philosophen Sokrates, die laut Historikermeinung wahrscheinlich zu Unrecht zum Inbegriff des zänkischen und launischen Eheweibes stilisiert worden ist; Bsp.: *Du hast dich zu einer richtig → schrillen Xanthippe entwickelt!*

Y

Yiffi(e)

junge freiheitsliebende Person (ohne Hang zum Konsumismus); steht für „young individual freedom-freak"; im Gegensatz zum ehemaligen *Yuppie* ist der *Yiffie* bei Jugendlichen beliebt und nachahmenswert, da er sich am „free-lifestyle" labt und nicht auf Karriere aus ist; Bsp.: *Yiffies find ich echt stark! Wenn ich groß bin, werd ich mal ein Yiffie!*

Z

Zacken

1. in der nahezu umgangssprachlichen Formel *einen Zacken in der Krone haben* (je nach Kontext): a) besoffen sein, einen → *Schicker* in der → *Birne* sitzen haben; b) verrückt sein, spinnen; 2. in der Formel *einen Zacken zulegen*: schneller → *wörken*, → *rasanto* durch die → *Walachei abschmettern*; die umgangssprachliche Wendung „es bricht dir doch kein Zacken aus der Krone" kommt jugendsprachlich nicht vor; Bsp.: *Mann, haben wir gestern einen Zacken in*

der Krone gehabt! Du hast wohl einen Zacken in der Krone? Leg mal einen Zacken zu!

Zacko

topfit, (sehr) gut in Form; die Endsilbe „-o" signalisiert die implizite Dynamik; Bsp.: *Voll auf Zacko mußt du sein!* Das haben die Väter aber auch schon gewußt.

Zapfen

Bezeichnung für das männliche Geschlechtsteil (vgl. → *Kolben,* → *Pfeife,* → *Rübe,* → *Rüssel,* → *Wunderhorn*); gelegentlich auch in den Erweiterungen bzw. Veränderungen *Zapfenstreich* (= Geschlechtsverkehr) und *Zapfsäule* (= Vagina); Bsp.: *Bei dieser* → *Zunsel kriegst du ja einen kalten Zapfen. Wann machen wir den Zapfenstreich? Hilfe, mein Zapfen brennt.* Selbst schuld – wenn man so daherredet.

zappen/Zap-Zap

engl. „to zap" = jemanden abknallen, jemandem ein „Ding" verpassen – bezeichnenderweise bloß noch vor der Glotze, getreu dem Motto: „Wer zappt, sieht mehr vom Leben". *Zapper* sind häufig cholerische Protest-Umschalter, weil sie sich über Werbung oder schlechtes Programm ärgern; auf diese Weise bekommen sie in der Regel nur wenig von den Sendungen mit; ganz anders hingegen der → *intellelle* → *Switcher*; Bsp.: *Die Linda de Mol zap ich weg!*

Zeiger

meist in der Formel *jemandem auf den Zeiger gehen*: jemanden aufregen, ihm an die → *Birne* pinkeln; Bsp.: *Heute geht mir wieder alles auf den Zeiger.*

Zeitgeisterfahrer

abwertend: Trendsetter; jemand, der immer nur auf der Modemeile → *dackelt*; jemand, der (blind) dem Zeitgeist nachläuft; Bsp.: *Zeitgeisterfahrer gibt es heute mehr als* → *Yiffies. Ich kann die Zeitgeisterfahrer nicht ab.*

Zierfisch

1. zierliches, ansehnliches Mädchen; 2. Mädchen, das sich ziert; die jeweilige Bedeutung erschließt sich meist durch das vorangestellte Adjektiv (z. B. → *schrill*) – soweit „Mann“ sich mit dem Lesen zufriedengibt; Bsp.: *Was ist das denn für ein flotter Zierfisch am Tresen? Mit → schrillen Zierfischen kann ich nichts anfangen.*

Zipfelmütze

spezielles Kondom für die Altherrenriege; Bsp.: *Ohne Zipfelmütze kein → Zapfenstreich.* Auch das trifft deren Erwartungshaltungen.

Zoni

(dümmlicher/ahnungsloser) Ostdeutscher (aus der ehemaligen sogenannten „Zone“); ausschließlich von westdeutschen Jugendlichen gebraucht; Bsp.: *Mit den Zonis kannst du doch nichts anfangen. Die Zonis sind doch heute noch von vordergestern.*

zulässig

heftig, besonders/sehr gut; lockeres Understatement; alles, was nach jugendlichem Dafürhalten ohne Schaden getan, genossen oder konsumiert werden kann; Bsp.: *Der Song/Schlitten ist absolut zulässig.*

Zunsel

1. häßliches Mädchen; vgl. → *Motte*, → *Plötze*; 2. “Hausdrache“; teilweise auch umgangssprachlich geläufig; Bsp.: *So 'ne abgefeierte Zunsel!*

zusammenfalten

1. schlagen, schlägern; 2. jemanden scharf zurechtweisen, jemandem deutlich die Meinung „geigen“; Bsp.: *Sollen wir euch zusammenfalten, → wa? Den → Ösi habe ich aber zusammengefaltet.*

zusammenklappen

1. zusammenbrechen, vor Müdigkeit umfallen; *down/empty* sein; 2. jemanden zusammenschlagen (vgl. → *klopfen,* → *knütteln,* → *Knuffi*); Bsp.: *Klapp hier bloß nicht zusammen! Die klappen wir zusammen!*

Artikel

Teil II

Standardsprache – Jugendsprache

Von „ärgern“ bis „Witzbold“

A

ärgern/aufregen (jemanden)

am Rüssel ziehen, an der Birne ziehen, berüsseln, anfressen, auf den Zeiger gehen, an den Zapfen fassen, an die Pfeife gehen, an den Kolben gehen.

alt

abgegriffen, abgejubelt, abgezopft, abgehalftert, bemoost, klapprig, skelettig, jenseitig, angefressen, verfault.

altmodisch

abgelutscht, abgemackert, abgegurgelt, abgejubelt, abgezipfelt, abgefahren, hohl, abgegessen, latschig, out (of time).

Anführer

Mufti, Oberjockey, First Boy, Oberzottel, Exerziermeister, Oberjohnny, Konduktor/Kondukteur.

Angst haben

einen (Heiden-)Horror ziehen, kalte Zotten kriegen, eine Flimmer-Birne (flimmernde Birne) ziehen/haben, einen aufgeblasenen Kürbis bekommen/haben, eine weiche Melone aufhaben, frostige Flossen haben/kriegen/bekommen, kalte Schlappen haben, einen nassen Zipfel kriegen, einen Zitter-Rüssel/zitternden Rüssel haben, Fracksausen haben, einen (brand)heißen Frack anhaben, kalte Pfoten haben, Feuer unterm Hintern spüren, eine kokelnde Flosse haben, einen Bruzzel-Kegel haben/schieben, Manschetten zeigen, Schneeluft wittern.

Angsthase

Windei, Weichei, Zitterknochen, Zitterrüssel, Häuptling Schlotterbein, Tante Schlotterbeck, Schlaffnase.

ansprechen (jemanden)

grabbeln, anschwallen, anquarken, anopern, anblasen, anblöken, anpesen, anspitzen, ranschwimmen, hinpaddeln/sich ranpaddeln, ansingen, beknipsen, beknuspern, bekaspern, belöffeln, beschnarchen.

arbeiten

robotern, wörken/worken, asten, (rein-)hämmern, holzen, knorzen, hinkeln, kloppen, hacken, keulen, huscheln, exerzieren, naffeln, buttern, schmieden, am Tragriemen ziehen, schindern, sich einen abklotzen, den (großen) Affen machen, Erbsen zählen, Fliesen scheffeln, rocken, powern, stacheln, Kohlen schaufeln.

anzünden (etwas)

(ab)fackeln, flambieren, eine Lampe überstülpen, eine Leuchte aufsetzen, Lunte legen.

(jemanden) austricksen (→ hereinlegen)

B

(jemanden) belästigen

anblöken, anmachen, anpesen, beschnarchen, bequasseln, belöffeln, ansabbeln, anschwallen.

begreifen (→ verstehen)

(sich) betrinken/betrunken sein

alken, keulen, sich beschickern (= schickern), einen auf die Nase gießen/schütten, sich einen Zacken in die Krone setzen, (voll)tanken, eine Tasse Alk (r)einpfeifen, sich einen Riesenalk reinsausen, sich austutschen, pokulieren, einen hinter die Rübe schmeißen, aus der Pulle rülpsen, einen durch die Schallmauer ballern, sich eine Kanne hinter die Schürze gießen, sich bedröhnen, die Birne zumachen, die Freßleiste vollaufen lassen, sich was Feuchtes reinfüllen, pickepacke/rippelrappel voll sein, die Klapper füllen, knille, scholle, einen Django in der Birne/Melone/Tomate (sitzen) haben.

betrügen (→ hereinlegen)

D

daherreden (→ reden)

denken

die Birne heißlaufen lassen, die Rübe gebrauchen, den Kürbis qualmen lassen, den Pfirsich anwerfen, den Denkmotor anlassen, naffeln, denk-denk, expreßdenk.

Drogenabhängiger

Schnuffi, Chippie, Drogi, Buffi, Dröhner, Koksfatzke, Dream-Django.

dumm/Dummheit

betröpst, hohl, mall, flach/matschig in der Birne, beschlabbert, verdodelt, nicht ganz knusper in der Lampe, Webfehler, Getriebeschaden, Schatten, Mattscheibe.

Dummkopf

Dumpfbacke, Dünnbrettbohrer, Nullchecker, Bodenturner, Dusseltier, Flachkopf, Blindfuchs, Cotton Eye Joe, Trivialo.

(sich) durchbeißen

(sich) durchwabern, (sich) durchfretten, (sich) durchlavieren.

E

Eltern

Dinos, Geldgeber, Ordnungskomitee, Organisationsabteilung, Anschaffer, Sponsoren, Finanziers, Parlament, Fossilien, Nahrungsbeschaffer, Oldtimer/Oldies, Hausdrachen.

Erzieher/Lehrer

Lernfuzzi, Pharao, Oberpenner, Bohrmaschine, Old Schmetterhänd, Laber-Rudi, Sklaventreiber, Märchenonkel, Torero, Büffelzähmer, Silbenstecher, Bibelhusar, Anzug-Cowboy, Sheriff, Häuptling.

F

(schnell) fahren (→ rasen)

„fertig" sein

weggeschlafft, abgebaggert, abgenervt, abgestochen, abgenagt, abgefressen, abgeschliffen, abgejubelt, gefrustet, gebügelt, geplättet, weggetreten.

fliehen

abpfeifen, abschmieren, abzittern, davonspritzen, Fersengeld geben, vom Hof reiten, sich wegschalten, sich verfratzen, sich verzupfen, wegzittern, sich davonschalten, sich raussprengen, sich wegklemmen, die Platte putzen, die Flossen unter den Arm klemmen/unter (Stark-)Strom setzen.

Frau (positiv)

Zierfisch (zierlich), Perle (wohlhabend), Nixe (= „Wasserfee"), Bomber (energisch), Schwester, Zuckerweib (= „süß"), Lokomotive (kommt schnell zur Sache), Sahnetorte (= „süß" und „weich"), Locke (bezogen auf die Haarpracht), Tulpe, Blume (= Mädchen mit „blühender Pracht"), Praline (= „süß").

Frau (negativ)

Flocke (schusselig/unkonzentriert), Trine/Trinchen (langweilig), Motte (lästig/klein), Plotze (häßlich), Zunsel (bissig), Hippe, Xanthippe, Zicke, Schraube (dick), Unke (pickelig), Schlampampe (verschwenderisch/schlampig), (Miß) Barbie (herausgeputzt/schön, aber doof), Miß Austauschbar (unoriginell), Lüftchen (dünn gebaut), Flocke, Ische (häßlich), Bürste („Haare auf den Zähnen"), Kaktus („bissig"), Keule („erschlägt" einen fast), Minipanzer („räumt auf"), Klapperschlange, Giftnudel/Giftzahn (streitsüchtig), saure Gurke, Schrankkoffer (breit wie ein Schrank), hohler Zahn/Hohlzahn (verursacht Zahnschmerzen), Zierfisch (ziert sich ständig), Schattenvogel (verfolgt einen ständig wie ein Schatten), Plombe („unecht"), Plunze (dick/schwerfällig/unflexibel/schwergewichtig).

G

gehen (langsam)

dackeln, ab-/wegdackeln, wackeln/sich einen abwackeln, dümpeln, gurken, schlappen, abzittern, zockeln, tigern.

gehen (schnell)

steppen, sich wegschalten, sich davonschalten, pesen, flott(ier)en, sich verfratzen.

Geld

Peanuts, Cash, Lappen, blaue Fliese (= Hundertmarkschein), Eisenspäne, Blümchen, Hündi (= Hundertmarkschein), Steine/Steinchen, Taler(chen).

Geschlechtsteil (männlich)

(Fern-)Rohr, Wunderhorn, Ofenrohr, Pfeife, Kolben, Rüssel, Rübe, Gurke, Banane, Zapfen, Besenstiel, Stock, Flinte, Bleistift, (Riesen-)Karotte.

Geschwätz/Gerede (→ reden)

Blubber-Blubber, Blubber-Arie, Geblubber, Geblöke, Gickgack, Quarkerei, Gedröhne, Opernarie.

Gewehr

Colt, Schießeisen, Kolben, Knarre, Knallbonbon, Schußlöffel, Flinte, Ballermann, Rohr, Bärentöter, Killerkante, Witwenmacher, Knalltüte.

H

Hand/Hände

Greifer, Greifhebel, Flossen.

(jemanden) hereinlegen

austakten, vom Parkett ziehen, ein Schmierentheater rauslassen, lackieren, anschmieren, beölen, einseifen, (mit Schmierseife) auf die Piste locken, pflanzen, vereiern, linken, am Rüssel ziehen, an den Zapfen gehen, einseifen, finkeln, plomben, eine Plombe hinwerfen, ribbeln.

hervorragend

oberaffengeil, abgedreht, abgefahren, abgehoben, grell, schrill, piko-piko, ultrakraß, granatenmäßig, bombig, elefantös, krokofantös, eins a, optimalo, oberdoll, hip, hippig, hyper-hyper, echt duftest, wie ein Hammer aus der Mütze, movemäßig, galaxomäßig, tödlich, baumstark.

K

klauen (→ stehlen)

Kinder

Milchtüten, Ableger, Abgebrochene, Kurze, Baby-Kids, Junggemüse, Jungtiere, Junghühner, Bonsais, Frischlinge, Gartenzwerge, Primeln, Gringos, Grünzeug.

klug

intellell, gut (hell/grell) beleuchtet, eine grelle (heiße) Birne haben, eine 100-Watt-Birne haben.

kluge Person

Expreßchecker, Schnelldurchblicker, Durchblickologe, Schweinchen Schlau.

Kondom

Blasrohr, Luftballon, Gummilutscher, Plastiktüte, Zipfelmütze, Zapfenmantel, Latex-Hülle, Kolbenüberzug, Rohrstütze, Rübenhalter, Gurkenfolie, Präser, Überzieher, (Kau-)Gummi, Auffangbeutel, Schleimbeutel.

Kopf

Tomate, Kürbis, Melone, Pfirsich, Rübe, Birne, Wirsing, Knödel, Klops, Deckel, Kugel, Kegel, Plutzer, Freßleiste, Denkapparillo.

L

laufen (→ gehen, → fliehen)

pesen, schwirren, wegschiffen, wegschippern, wegjumpen, eine Flocke machen, sich wegklinken, sich wegschalten, sich verfratzen, abjetten, aus der Hüfte kommen, sich verdüsen, verdunsten.

Lehrer (→ Erzieher)

Lehrerzimmer

Löwenkäfig, Olymp, Parteibüro, Wespennest, Paukersilo, Sprengstoffkammer, Mafia-Treff, Zentralanstalt (siehe auch → Schule).

M

Mann (positiv)

Yiffie, Bajazzo (Spaßvogel mit gelegentlichen Macho-Allüren), Gecko (Witzbold mit ausgefallener Garderobe), Hecht (groß und kräftig), Sympathiko (nett/umgänglich), Flocke (Scherzkeks), Lucky (Glückspilz), Pickelhering (Spaßvogel).

Mann (negativ)

Gipskopf (Gips statt Grips), Fossilio (sehr alt), (Über-) Klops (dick), Fruppie (frustriert), Skeletti (ziemlich alt), Grumpie (zahlungskräftig), Nullchecker (Dummkopf), Schnieki (Schönling), Dusseltier (Idiot), Schleimbeutel (Schleimer), Siffkopf (Schlamper/Säufer), Knuffi (Schläger), Skinnie (Skinhead), Fascho (Rechtsradikaler/-extremer), Korrupti (bestechlich), Kragen (Spießer), Puppi (armer Großstadtmensch), Schicki-Schnösel (Angeber), Krawattendjango (Büronaffel), (Ober-)Klemmi (verklemmt), Schnuffi („Kokser"), Flaps (ungehobelter Typ), Schrulli (komischer „Vogel"), Trivialo (seichter Typ), Windei („halbe Portion"/ Angsthase), Spruchkasper (Quatschkopf), Toffel (Tolpatsch), Mr. Schniegelmann (adrett), Lacko (Fatzke), Crusty (Grobian), Falott(i) (Betrüger, Gauner), Karriero (karrierebewußt), Crunchy (Schläger), Pfeife (Langweiler), Looser (Verlierer), Faxe (schwergewichtig), Mufti (Wortführer), Süffel (Trinker), Kritikalo (Besserwisser), Dandy (Modefreak), Pappnase (Witzfigur), Proll (Prolet), Schweinebacke (Fettsack/Unsympath), Breitbandnudel (Dickling), Muchacho (guter Kumpel), Gringo (Neuling), Laber-King (Quasselstrippe).

modern

trendy, trendig, punky, zeitgeistig, hip, hippig.

Mund

Luke, Schacht, Freßleiste, Zahnhalter, Rüssel, Klapper.

Musikinstrument(e)

Blassack, Winseltüte, Winseltasche, Spucktüte, Key (= Keyboard, Synthesizer, Klavier), Kit (= Schlagzeug).

N

(jemanden) zum Narren halten

verklapsen, an der Birne ziehen, einen (faulen) Fisch ziehen/unter die Nase halten, ans Bein pinkeln, jemanden bepinkeln/anpinkeln, ein kaltes Ei zeigen, plomben.

Neuling

Frischling, Gringo, Junggemüse.

P

Partystimmung

hier geht die Post ab, hier geht die Hotte ab, hier geht der Bär ab, hier läuft der Bär im Zickzack, hier fliegt eine Kuh, hier rennen die Büffel im Quadrat, hier qualmt der Schlappen, hier zwitschert die Lerche durch den Urwald, hier kommt die Ultra-Power rum.

Pistole (→ Gewehr)

pleite

scholle, knille, einen Igel in der Tasche haben, abgeklunkert haben/sein, stier/stia sein, am Sand sein.

Polizei

Greiftrupp, Blautrupp, Schlägertrupp, Bullenärsche, Streifenhörnchen, Tangobrüder, Mainzelmännchen, Promillologen-Verein, Gurkentrupp(e), Stoßtrupp, Polizze, Polente, Grünzeug, Gartenzwerge, Trachtengruppe.

Präservativ (→ Kondom)

R

rasen

asten, pesen, bügeln, fluppen, rumschnüren, bohren, durchschmettern.

reden (dumm)

anmeiern, opern, quarken, (Müll) ablassen/(r)ausschütten, schwabbeln, schabeln, schwallen, schwalben, koldern, tüddeln, nudeln, (be)semmeln, (be)samen, (be)löffeln, salben, stußen, blöken, keckern, wiehern, dummsülzen, labern, knöttern, sabbern, plätschern, plauschen, pofeln, schnattern, sich was abdideln, (vom toten Sheriff) faseln, toffeln, naffeln, naffel-naffel, blubbern, blubber-blubber, nölen, klikkern, den alten Kappes rauslassen, rumrüsseln, (be)koffern, (jemandem) ein Ohr abkauen, ein Ohr klaufen, Holler reden, Wuwu machen, schnuren, waffeln.

reich

bemoost, fett, beklunkert, schwer.

S

saufen (→ sich betrinken)

schlafen

knacken, am Bettzeug knabbern, die Bettkante abbeißen (= Variante des umgangssprachlichen „an der Matratze horchen“).

Schlägerei

Klopfkonzert, Allotria, Aufguß, Knüppeltherapie, Fickfackerei, Faxerei.

schlägern

klatschen, abklatschen, klopfen, betonieren, weichklopfen, rupfen, punchen, switchen, fickfacken, frikassieren, plattmachen, frittieren, abreiben, zusammenfalten, poli(ti)eren, poltern, zusammenklappen, frottieren, durchkneten, abschmirgeln, (’ne Ladung) Kattun geben, lackieren, bügeln, bürsten, crunchen, abledern, keulen, knütteln, das Fell putzen, einen Schuh aufblasen, einen Satz heiße Ohren verpassen/austeilen, einen über die Birne (Melone/Rübe) ziehen, den Kürbis auspressen, eine Vollwäsche verpassen, die Sokken verknoten (zusammenknoten).

schnell

presto (Steigerung: *prestissimo*), rasanto, rapido, Achokaracho.

Schönling

Schnieki, Schicki-Schnösel, Kragen, Krawattendjango.

Schule

Penne, Pennbude, Pennertreff, Poofe, Zentralanstalt, Paukerhöhle, Kotzhütte, Quarkladen, Leerinstitut, Lernfabrik, Gymnastiker-Anstalt (= Gymnasium), Schwachstromakademie (= Sonderschule, Schule für körperlich oder geistig Behinderte), Streberkaserne, Streßbude, Dschungelkaserne.

Spaßvogel (→ Witzbold)

spinnen

in der falschen Schüssel sitzen, neben dem Kahn parken, neben der Kappe sein, eine verkehrte Brille aufhaben, in der Optik verrutscht sein, etwas im Kleinhirn haben, etwas an der Klapper haben, eine Roulade im Ohr haben, einen Riß im Bohrer haben, einen Pecker haben, einen Zacken haben, einen Zottel im Kapee haben, nicht alle Steine auf der Schleuder haben, einen Kaputtnik haben, mit einem Klammersack gepudert sein, ein Klappmesser im Bett haben, ein Ding an der Glocke haben, einen weichen Keks im Schuh haben, eine weiche Birne in der Tasche haben, eine falsche Disc eingelegt haben, einen Chip locker haben, einen angebrannten Pfirsich haben, einen Riß im Wirsing haben, eine Schraube im Kürbis haben, eine Ratte im Pfirsich haben, eine Schnecke in der Melone haben, nicht alle Kiesel auf der Latte haben, das Zwerchfell brodeln lassen/am Brodeln haben, einen Knödel im Pfirsich haben, einen Tango im System haben, einen Papagei in der Leitung (sitzen) haben.

stark

grell, schrill, (ultra-)/(ober-)kraß, gorillamäßig, movemäßig.

stehlen

etwas (ab)greifen, stauchen, klaufen, sich etwas (unter den Arm) klemmen.

sterben

abnibbeln, den Löffel abgeben, die Gabel aus der Hand geben, einen Abgang machen, den Arsch/Hintern zusammenkneifen, einen kalten Arsch/Hintern kriegen, vom Hocker fallen, hopsgehen, die Kurve kratzen, die (schnelle) Biege machen, sich in die Sänfte legen, in die Kiste springen, die Birne ausschalten, wegribbeln.

T

Tölpel (→ Dummkopf)

trinken (→ betrunken sein)

Trottel (→ Dummkopf)

Turnhalle

Folterkammer, Gummizelle, Schweißhütte, Schwitzkasten, Muskeltenne.

U

überrascht sein

Ich denk, mich leckt ein Känguruh! . . ., mich knutscht ein Bus (Elch, Affe, Jet usw.)! . . ., mir zieht's die Unterhose aus! . . ., mir kriecht ein Kaninchen die Hose hoch! . . ., mein Socken qualmt! . . ., mir geht einer ab! . . ., mir klappt die Kinnlade weg! . . ., mein Kater bellt! . . ., mein Vogel miaut! . . ., mein Maulwurf winselt! . . ., mein Frosch kriegt Haare! . . ., mich beißt eine Kuh! . . ., meine Birne qualmt! . . ., mein Nashorn kalbt! . . ., mich streift eine Seilbahn! . . ., mir hängen die Darmzotten auf Grundeis! . . ., meine Oma kalbt! . . ., mein Nashorn zwitschert! . . ., meine Birne brennt! . . ., mein Eskimo fällt vom Schlitten! . . ., mein Schwein rülpst! . . ., mein Meerschweinchen spielt Fußball! . . ., mein Lama bruzzelt in der Pfanne! . . ., mein Wellensittich frißt Äpfel! . . ., mein Hase spielt Klavier! . . ., mein Krokodil ferkelt! . . ., mein Pferd pinkelt mir ans Bein! . . ., mein Löffel hat ein Loch! . . ., meine Ratte singt! . . ., meine Meise kalbt! . . ., mein Fernrohr kriegt Füße! . . ., mein Kamel spielt Klavier. . . ., mein Rüssel spielt Flöte! . . ., mein Kürbis wird sauer! . . ., mein Kegel steht schief! . . ., mein Deckel steht offen! . . ., mein Frack pfeift! . . ., mein Hase igelt! . . ., mein Nashorn jault! . . ., mein Kiosk brennt! . . ., meine Flosse bruzzelt! . . ., mein Goldfisch singt! . . ., mein Zeisig bellt! . . ., mein Thunfisch wiehert! . . ., ich kipp aus den Schlappen. Ich blas mir 'nen Schuh auf! Da wird ja die Milch sauer! Da wird doch der Spargel zum Huflattich.

V

verstehen/verstanden

löffeln, ziehen, polen, die Pole verschmelzen, Peilung klar/roger/gelungen, gerafft, geschnallt, gecheckt, gepeilt, überrissen, gefressen, getickt, geblickt, gepackt.

verschwinden (→ fliehen)

verzweifelt sein

gefrustet, depressi, einen Depresso durchziehen, einen (Spitzen-)Durchhänger haben, am Haken hängen, mit den Zotten auf Grundeis sein, die Birne leer/auf Nullstellung haben, einen kaputten Pfirsich haben.

W

weglaufen (→ fliehen, → laufen)

Witzbold

Flocke, Flaps, Gecko, Bajazzo, Faxenheini, Pickelhering, Salontiroler.

Literaturverzeichnis

1. Historische Jugendsprachenforschung

Augustin, Christoph Friedrich Bernhard: Idiotikon der Burschensprache, in: ders.: Bemerkungen eines Akademikers über die Stadt Halle und dessen Bewohner, in Briefen, nebst einem Anhange, enthaltend die Statuten und Gesetze der Friedrichsuniversität, ein Idiotikon der Burschensprache, und den sogenannten Burschenkonvent. Germanien (Quedlinburg) 1795.

Basler Studentensprache. Eine Jubiläumsgabe für die Universität Basel. Dargebracht vom Deutschen Seminar in Basel. Basel 1910.

Eilenberger, Rudolf: Pennälersprache. Entwicklung, Wortschatz und Wörterbuch. Straßburg 1910.

Götze, Alfred: Deutsche Studentensprache. Berlin 1928.

Küpper, Heinz: Wörterbuch des Bundeswehrjargons. Von ABC-Komikern und Zwitschergemüse. Düsseldorf/Hamburg 1962.

Küpper, Heinz: Wörterbuch der deutschen Umgangssprache. (Band 6: Jugenddeutsch von A bis Z). Düsseldorf/Hamburg 1960.

Marcus, Hans: Zum Twen-Deutsch, in: Zeitschrift für deutsche Wortforschung 18 (1962), S. 151–159.

Meier, John: Hallische Studentensprache. Eine Festgabe zum zweihundertjährigen Jubiläum der Universität Halle. Halle 1894.

Neues Wörterbuch der Studentensprache. Ein Vademecum für deutsche Studenten. Zusammengestellt von einem bemoosten Haupte. München/Wien 1888.

Ostwald, Hans: Rinnsteinsprache. Lexikon der Studenten-, Gauner-, Dirnen- und Landstreichersprache. Berlin 1906.

Pape, Sabine: Bemerkungen zur sogenannten Teenager- und Twensprache, in: Muttersprache 11/12 (1970), S. 368–371.

Ragotzky, Christoph Bernhard: Der flotte Bursch oder neueste durchaus vollständige Sammlung von sämtlichen jetzt gebräuchlichen burschicosen Redensarten und Wörtern, so wie

eine genaue Aufführung aller Sitten und Gebräuche, welche bei Comitaten, Aufzügen, Wein-, Bier und Fuchskommerschen oder sonstigen solennen Festivitäten vorkommen und streng beobachtet werden müssen. Leipzig 1831.
Salmasius, Robert: Kompendiöses Handlexikon der unter den Herren Purschen auf Universitäten gebräuchlichsten Kunstwörter. Zum Nutzen der Herren angehenden Studenten und aller kuriosen Liebhaber nach alphabetischer Ordnung. Erfurt 1749.
Stave, Joachim: Wie die Leute reden. Betrachtungen über 15 Jahre Deutsch in der Bundesrepublik. Lüneburg 1964.
Schuchardt: Studenticoses Conversationslexicon oder Leben, Sitten, Einrichtungen, Verhältnisse und Redensarten der Studenten, beschrieben, erklärt und alphabetisch geordnet. Leipzig 1825.
Wallis, Daniel Ludwig: Gebräuchlichste Ausdrücke und Redensarten der Studenten. Göttingen 1813.
Welter, Ernst Günther: Die Sprache der Teenager und Twens (= Schriftenreihe zur Jugendnot, Band 5), o.O. 1961.

2. Neuere Veröffentlichungen zur Jugendsprache

Ehmann, Hermann: affengeil. Ein Lexikon der Jugendsprache. München ^{3}1994 (mit Literaturhinweisen).
Ehmann, Hermann: Jugendsprache und Dialekt. Regionalismen im Sprachgebrauch von Jugendlichen. Opladen 1992 (Dissertation mit ausführlicher Bibliographie).
Farin, Klaus/Seidel-Pielen, Eberhard: „Ohne Gewalt läuft nichts!" Jugend und Gewalt in Deutschland. Köln 1993.
Gruner, Dorothea: Hesch a Kioschk an der Eigernordwand? Schülersprache, dargestellt am Beispiel Berns. Bern 1990.
Heinemann, Margot: Jugendsprache. Ein Beitrag zur Varietätenproblematik. Leipzig 1990 (Dissertation).
Henne, Helmut: Jugend und ihre Sprache. New York/Berlin 1986.
Horx, Matthias: Trendwörterlexikon. Düsseldorf 1995.
Sprachen – Sprachlosigkeit. Ursachen und Folgen subkultureller Kommunikation am Beispiel der Jugendsprache. Loccumer Protokolle, Band 17. Rehburg/Loccum 1985, S. 225–229.
Munro, Pamela: Slang „U" (= Underground). New York 1989.

Schlobinski, Peter/Kohl, Gaby/Ludewigt, Irmgard: Jugendsprache. Fiktion und Wirklichkeit. Opladen 1993 (mit Literaturhinweisen).

Schönfeld, Eike: Alles easy. Wörterbuch des Neudeutschen. München 1995.

Schurian, Walter: Psychologie des Jugendalters. Eine Einführung. Opladen 1989.